사랑하는
우리 _____ 에게

JN401360

언젠가는 고마워할 거야

언젠가는 고마워할 거야

2011년 4월 26일 교회 인가
2012년 1월 30일 초판 1쇄 펴냄
2012년 6월 30일 초판 2쇄 펴냄

글쓴이 | 마크 젤먼
그린이 | 김복태
옮긴이 | 박웅희
펴낸이 | 염수정
펴낸곳 | 가톨릭출판사
편집 겸 인쇄인 | 홍성학
디자인 자문 | 김복태, 류재수, 이창우, 황순선
편집장 | 송향숙
편집 | 오현영, 전혜선, 채지영
표지 디자인 | 김지혜
내지 디자인 | 안연민

본사 | 서울특별시 중구 중림로 27번지
지사 | 경기도 파주시 조리읍 당재봉로 56번지 프린팅파크內
등록 | 1958. 1. 16. 제2-314호
전자우편 | edit@catholicbook.kr
전화 | 1544-1886(대)/070-8233-8221(영업국)
지로번호 | 3000997

ISBN 978-89-321-1254-1 73840

값 12,000원

인터넷 가톨릭서점 http://www.catholicbook.kr
직영 매장: 명동대성당 (02)776-3601, 3602/ FAX (02)776-1019
　　　　　가톨릭회관 (02)777-2521/ FAX (02)777-2520
　　　　　서초동성당 070-8234-1880
　　　　　서울성모병원 (02)2258-6439, 070-7757-1886/ FAX (02)392-9252
　　　　　분당요한성당 (031)707-4106
　　　　　절두산 (02)3141-1886/ FAX (02)3141-1886
　　　　　미주지사 (323)734-3383/ FAX (323)734-3380

가톨릭의 모든 도서와 성물을 '인터넷 가톨릭서점'에서 만나 보실 수 있습니다.

이 도서의 국립중앙도서관 출판 시 도서목록(CIP)은 e-CIP홈페이지(http://www.nl.go.kr/ecip)에서
이용하실 수 있습니다(CIP제어번호:CIP2011005717).

이 책의 한국어판 저작권은 PK Agency를 통해 Marc Gellman과의 독점 계약으로
(재)천주교서울대교구 가톨릭출판사에 있습니다.
저작권법에 의해 한국 내에서 보호를 받는 저작물이므로 무단 전재와 무단 복제를 금합니다.

나는 언제나 네 편!
너에게 평생 힘이 되고 싶은 **엄마 아빠의**
속마음을 보여 줄게

언젠가는 고마워할 거야

마크 젤먼 글 | 김복태 그림 | 박웅희 옮김

가톨릭출판사

Text copyright © 2007 by Marc Gellman.
All rights reserved.
First published in the United States by Little, Brown and Company,
under the title *Someday You'll Thank Me For This!*
Korean translation rights arranged through Sheldon Fogelman Agency, Inc.

Korean Edition is published by arrangement with Marc Gellman
through Sheldon Fogelman Agency, Inc. and through PK Agency, Korea.

| 추천의 말씀 |

　이 책은 어린이들에게 필요한 삶의 지혜서입니다. 유대인의 지혜를 담은 ≪탈무드≫보다 더 지혜롭습니다. 엄마, 아빠에게는 자랑스러운 자녀를 지혜롭게 키우는 가정 교육 지침서며 선생님들에게는 학생들을 건강하고 바르게 키울 수 있는 교육 안내서입니다. 어린이들에게는 지혜로운 사람으로 자라는 데 꼭 필요한 성장 비타민입니다. 이 책은 자녀들의 삶을 가치 있게 지켜 주는 엄마, 아빠가 불어 주는 '호루라기'입니다.

- 이창건 · 아동 문학가, 서울 예일초등학교 교사

잔소리는 내 눈높이에 맞추어 달라는 어른들의 칭얼거림이라 생각하기 쉽습니다. 그러나 이 책을 읽고 나면 잔소리를 받아들이는 눈이 번쩍 뜨일 것입니다. 잔소리 속에 숨어 있는 '왜?'의 의미를 시원하게 뽑아 줄 테니까요.

– 권영상 · 서울 배문중학교 국어 교사

잔소리라고 생각하기 쉬운 부모님 말씀에 깊은 뜻과 사랑이 담겨 있다는 것을 깨닫게 해 주는 책입니다. "정말 이 책 읽기를 잘했어!" 하고 언젠가는 진정으로 고마워할 책입니다. 우리 아이 책꽂이에 꽂아 주고 항상 읽히고 싶은 지혜로 가득한 보물 같은 책입니다.

– 이준관 · 시인, 한국동시문학회 회장

아이들을 향해 쉴 새 없이 쏟아 내는 평범한 잔소리……. 그 가운데 숨어 있는 부모의 진실한 마음을 헤아려 주고 아이들에게도 이를 긍정적 시각으로 바라볼 수 있게 해 주는 이 책의 풍요로운 내용이 참으로 감동적입니다.

'영양가 있는 잔소리!' 이제는 마음 놓고 해도 될 듯합니다.

– 대전에서 김경인 학부모

| 머리말 |

엄마·아빠는 외계인, 통역이 필요해

난 어렸을 때 이름 말고 성까지 있는 이유는 딱 하나, 내가 심각한 말썽을 부렸을 때 부모님이 나를 부르시기 위해서라고 생각했어. 보통 땐 이름만 부르시던 부모님이 "마크 젤먼!" 하고 성까지 큰 소리로 부르시면 '난 이제 죽었다!'고 생각했지.

부모님은 내게 벌을 주실 때 가끔 이런 말씀을 하셨어. "언젠가는 지금 벌 받는 것을 고마워할 거야!" 그럴 때면 이렇게 생각했던 게 지금도 기억나. '치, 지금 벌을 주시잖아요. 지금 벌 받는 것을 나중에는 고마워할 거라고요? 그런 일은 절대로 없을 걸요!' 벌 받은 일로 부모님께 고마워한다는 것은 정말 말도 안 되는 일이라고 생각했어. 그래서 나중에라도 부모님께 고마워할 생각은 전혀 없었지.

그런데 그때 내가 부모님의 말씀을 귀로만 들었지 그 말씀에 담긴 뜻을 제대로 이해하지 못했다는 사실을 이제야 알겠어. 아마도 부모님의 말씀에 숨은 진짜 뜻을 알려 주는 이런 책이 없어서 그랬을 거야! 너는 부모님과 서로 알아들을 수 없는 다른 나라 말을 하는 것 같지 않니? 그래서 난 내가 어렸을 때 알아듣느라 정말 힘들었던 것을 네게 말해 주려고 해. 바로 부모님이 하시는 알 수 없는 나라의 말과, 그 말씀을 이해하는 법 말이지.

부모님은 한국말로 말씀하시는 것처럼 보여. 하지만 네가 듣기에 전혀 우리나라 말이 아닌 것 같지? 그건 부모님들만 쓰시는 비밀 언어거든. 부모님은 네게 무언가를 하거나 하지 말라고 하실 때 대부분 이 비밀 언어를 사용하셔. 그래서 넌 부모님이 말씀하시는 것을 듣긴 해도 그 말씀에 담긴 속뜻은 듣지 못하지. 정말 중요한 것은 그 속뜻인데 말이야.

그런데 문제는 부모님이나 조부모님이나 선생님이(때로는 친구들이) 말씀하시면 왠지 화가 난다는 거야. 그 이유는 두 가지지. 첫째, 그 이야기를 수없이 듣고 또 들었다는 거야. 둘째, 그런 일은 잔소리를 들을 만큼 중요하지 않은 것 같다는 거야.

하지만 부모님의 말씀이 너무 사소해서 아무 의미도 없는 것 같더라도 그 말씀에 숨어 있는 뜻은 네 생각보다 훨씬 더 크고 깊단다. 부모님 말씀은 속에 껌이 들어 있는 막대 사탕과 같아. 그 말씀이 사소하게 들리는 것은 사탕의 딱딱한 겉 부분만 맛보기 때문이야. 그러나 그 말씀 속에 담긴 커다란 의미는 사탕 속의 껌과 같아. 사탕을 다 먹은 뒤에야 껌이 나오듯 말이지. 그 커다란 뜻은 네가 커서 부모가 되어 똑같은 말을 하게 될 때 알게 된단다.

언젠가 네가 커서 아이가 생기면 아마도 그때 넌 부모님이 말씀하시는 법을 이해하게 될 거야. 네가 부모가 되면 그 방법을 자연스럽게 알게 되는 거지. 그런데 문제는 컸을 때가 아니고 지금 당장 부모님의 말씀을 네 또래의 말로 옮겨서 이해하지 못한다면 앞으로 어려움을 겪게 된다는 거야. 그런 어려움은 어린아이인 네가 겪기엔 큰 고

통일 뿐만 아니라 겪을 필요도 없는 일이란다. 네가 커서 부모님처럼 말할 때가 되면 부모님이 항상 하셨던 잔소리 뒤에 숨은 뜻을 이해하게 될 거야. 살아가면서 아주 복잡해 보이는 일들도 알고 보면 대부분 매우 단순한 법이지.

앞으로 내가 들려줄 이야기는 네가 부모님과의 관계에서 어려움을 느낄 때 헤쳐 나갈 수 있게 도와주는 '황금 카드'(보너스 카드)와도 같을 거야. 보드게임을 할 때 감옥에 갇히면 황금 카드를 사용해서 점수나 돈을 잃지 않고도 감옥에서 빠져나올 수 있잖아? 네가 이 책을 읽고 어른이 될 때까지 외출 금지 같은 벌을 받지 않으면 참 좋겠어.

이 책은 또 종종 부모님이 답답하다고 느껴질 때라도 두 가지 중요한 사실을 네가 잊지 않도록 도와줄 거야. 부모님이 너를 사랑하신다는 것과 부모님은 네가 아는 것보다 훨씬 더 많이 아신다는 거야.

　네가 만나는 사람들은 대부분 너를 잘 몰라. 너를 잘 아는 사람은 얼마 안 되지. 그 가운데 몇 사람은 너를 잘 알고 좋아해. 그리고 몇 사람은 너를 잘 알고 사랑하기까지 하지. 바로 이 사람들이 살면서 가장 믿을 수 있는 사람들이란다. 너를 잘 알고 또 사랑하는 사람이 하는 말인데 쓸모없거나 너를 불행하게 하지는 않으리라는 것을 믿을 수 있지 않겠니? 그분들이 하시는 말씀이 너를 사랑하는 마음에서 나온다는 것도 믿을 수 있지 않겠어? 부모님의 말씀은 그런 사랑을 보여 주는 중요한 방법 중 하나야.

　너는 인정하기 싫겠지만, 부모님은 네가 정말 모르는 일들을 잘 알고 계셔. 그건 바로 부모님이 너보다 더 오래 사셔서 얻은 '지혜' 때문이야. 지혜란 살면서 정말로 중요한 것이 무언지를 아는 거야. 지혜롭다는 것은 영리하다는 것과는 달라. 아주 어린 아이도 영리할 수 있단다. 예를 들면 영리한 아이는 아주 어려도 바둑 두기나 덧셈이나 글 읽기나 악기 연주 같은 것을 아주 잘할 수 있지. 하지만 어린아이가 지혜로울 수는 없어. 지혜로워지는 데는 시간이 걸리니까. 그런데 부모님은 이미 그런 시간을 거치셨단다. 부모님은 지금 네가 겪는 일을 이미 다 겪으셨고, 그 경험으로 교훈을 얻으셨기 때문에 그 일에 대해 너에게 잘 말씀하실 수 있는 거야.

지혜란 모퉁이를 살펴보고 거기에 무엇이 있는지를 아는 능력과 같은 거야. 네가 만일 부모님 말씀을 잘 듣는다면, 너는 삶의 모퉁이들을 잘 살펴보게 되는 거야. 그럴 수 있다면 정말 좋은 일이겠지. 이만하면 부모님의 말씀을 이해하는 법을 왜 배워야 하는지 알겠지?

이 책을 통해 네가 살면서 마주칠 정말로 중요한 문제에 대해 부모님과 이야기할 수 있었으면 해. 또한 네가 부모님을 더 믿을 수 있게 되고, 부모님도 너를 더 믿게 되면 좋겠어. 무엇보다도 네가 어른이 되어서 너와 같은 아이를 키우게 됐을 때 네가 하는 이야기를 자녀들이 알아듣지 못한다면 자녀들도 이 책을 통해 너와 대화하는 법을 배우길 바라고!

그러니 내 말을 믿으렴. 언젠가는 고마워할 거야.

마크 젤먼

| 차례 |

추천의 말씀 · 5

머리말 엄마·아빠는 외계인, 통역이 필요해 · 8

1. 언젠가는 고마워할 거야! · 21
2. 과자는 밥 먹은 다음에! · 26
3. 방이 이게 뭐야? 돼지우리도 아니고! · 32
4. 불 좀 끄고 다니면 어디 덧나니? · 38
5. 너, 반성 좀 해야겠다! · 45
6. 시합은 정정당당하게! · 50
7. 할머니, 할아버지가 알아들으시게 큰 소리로 말씀드리렴 · 55
8. 말 좀 곱게 할 수 없겠니? · 61
9. 나한테 뭐 할 말 없니? · 67
10. 어디서 말하는 데 끼어드니? · 72

11. 친구가 한다고 무조건 따라 할래? · 79

12. 두 번 말하게 하지 마라! · 85

13. 까마귀가 형님 하자고 하겠다! · 90

14. 그렇게 입고 어딜 나가! · 95

15. 오늘부터 외출 금지! · 101

16. 그렇게 빤히 보는 거 아냐! · 107

17. 다들 산다고 내가 사 줄 줄 알아? 절대 안 돼! · 112

18. 누가 너한테 그렇게 하면 좋겠니? · 118

19. 고양이 꼬리를 왜 잡아당기는 거야? · 124

20. 내 말을 한 귀로 듣고 한 귀로 흘리니? · 129

21. 머리는 멋으로 달고 다니니? · 133

22. 가위 들고 뛰어다니지 마라! · 138

23. 그렇게 장난치다 다쳐야 정신 차릴래? · 142

24. 자꾸 연습하면 도사가 돼! · 147

25. 왜 그리 엉덩이가 무거워? · 152

26. 툭툭 털고 일어나 다시 시작해! · 158

27. 너 뭐 하는 녀석이냐? · 163

28. 인생이 너무 짧아! · 168

29. 지나고 보면 우스울 거야! · 172

30. 네가 정말 자랑스럽다! · 176

31. 늑대를 제대로 골라 먹이를 주어야지 · 181

1

> 언젠가는
> 고마워할 거야!

　부모님은 네게 '언젠가는'이라는 말로 시작하는 잔소리를 아주 많이 하실 거야. 조금 이상한 이유를 드시면서 말이지. 부모님의 언어에서는 '언젠가는'이라는 말이 굉장히 중요한 것 같아! 부모님은 외출 금지를 내리거나 아무 잘못도 없는 네 머리를 쥐어박는 '잔인하고 이상한' 벌을 주신 다음에 보통 "언젠가는 지금 혼난 걸 고마워할 거다!"라고 마구 말씀하시지. 아니, 지금 혼난 것도 모자라서 나중에 혼난 걸 고마워할 거라니 이건 정말 두 번 혼나는 셈 아니겠어?

부모님 생각은 이래. 언젠가는 부모님이 너와 함께 살지 않고 너 스스로 자신을 보호하게 될 때가 오겠지만 지금은 너를 보호하는 것이 부모님의 가장 중요한 임무라는 거지. 네가 보호받을 필요가 없다고 생각하거나 보호받고 싶지 않다고 여길 때까지도 말이야.

친구가 부모님이 집을 비우셨다며 자기 집으로 놀러 오랬어. 네가 그 친구 집에 가겠다고 했는데 부모님이 반대하셔. 아니면 보고 싶은 영화가 있는데 그 영화를 보기에 네가 너무 어리다며 부모님이 못 보게 하셔. 그럴 땐 넌 부모님과 말다툼할 수도 있을 거야. 특히 친구 부모님은 집에 와서 놀아도 된다고 허락하셨는데 네 부모님은 안 된다고 하실 땐 정말로 화가 나겠지.

부모님과 함께 사는 동안 부모님은 심판과도 같아. 마치 야구나 축구 경기의 심판처럼 말이야. 심판은 가끔 호루라기를 부는데, 경기가 제대로 진행되도록 그러는 거야. 부모님도 마찬가지지. 부모님의 판단이 틀렸을 때 너는 놀 수 있는 기회를 한 번 잃을 뿐이지만 부모님의 판단이 옳은 경우 부모님이 네 삶을 구한 것일 수도 있어.

만일 부모님이 너를 위해 하셔야 되는 일들을 목록으로 만든다면(늦지 않게 학교에 보내기, 좋은 음식 먹이기, 입힐 옷 사기 등) 그 목록은 아주 길 거야. 거기다 부모님은 필요 없다고 생각하시지만 네가 필요하다고 우기는 것들까지 목록에 더한다면(비디오 게임기나 아이팟이나 휴대 전화기 사기, 집 한 쪽에 아이스크림 공장 차리기나 침실에 수영장 만들기 또는 거실에서 애완용 말 기르기 등. 그래, 목록을 쓰다 보니 내가 좀 흥분한 것 같구나!) 아마 그 목록을 다 쓸 수도 없을 걸. 하지만 부모님은 너를 위해 그 모든 일을 다 하시면서도 너에게 감사하라고도 하지 않으셔.

부모님이 너를 힘들게 했던 일들이 네 인생의 커다란 교훈이 됐다는 사실을 너도 머지않아 깨닫게 될 거야. 그때 넌 부모님께 전화해서 부끄러워하며 이렇게 말씀드려야 돼. "제가 제 방에 수영장을 얼마나 만들고 싶어 했는지 아시지요? 그런데 그때 '안 돼!'라고 하셨죠! 그래서 제가 몹시 속상해하니까 '언젠가는 고마워할 거야!'라고 말씀하셨지요? 예, 오늘이 바로 그날이라는 걸 말씀드리려 전화한 거예요. 제가 그때 방에 수영장을 만들었다면 고양이는 물에 빠져 죽었을 테고 제 옷은 항상 다 젖었을 거예요. 오리는 밤새 물위를 떠다니며 제가 잠잘 수 없게 꽥꽥거렸겠지요. 그래서요, 전 지금 부모님께 감사드리고 싶어요!"

 '언젠가는 고마워할 거야!'라는 말이 무슨 뜻인지 '오늘' 정말로 이해할 수 있다면 얼마나 놀랍고 멋진 일이겠니. 부모님이 널 위해 해 주신 것뿐만 아니라 네가 위험

에 빠지지 않게 해 주신 일에도 감사드린다면 부모님은 구름 위에 둥둥 떠 있는 것처럼 행복하실 거야. 그렇게 하는 게 도리기도 해. 지금의 너는 부모님의 보살핌 덕분에 있는 거니까!

2

과자는 밥 먹은 다음에!

아이들 후식으로는 여러 가지 달고 맛있는 것이 나오지. 아삭아삭 깨물어 먹는 것이나, 시원하거나 차가운 것 또는 생크림 케이크나 초콜릿 케이크, 두 겹으로 구운 쿠키나 그 위에 초콜릿 가루를 뿌린 쿠키, 잼이 잔뜩 들어 있는 케이크 등등.

채소 같은 것은 절대 후식이 될 수 없어. 가끔 과일 젤리가 나오는데, 먹긴 하지만 제대로 된 후식은 아니야.

밥 먹을 때 마지막으로 먹는 것이 꼭 후식은 아니야. 김치를 마지막으로 먹었다고 해도 김치가 후식일 수는 없으니까. 후식은 역시 달고 맛있는 쿠키가 제격이지.

그런데 집에 막 들어왔을 때 갓 구운 쿠키 냄새가 난다고 한번 상상해 봐. 이리저리 둘러봐도 부엌엔 아무도 없는데, 갓 구운 따뜻하고 달콤하고 맛 좋은 쿠키만 덩그러니 식탁 위에 있는 거야. 살금살금 다가가서 떨리는 손을 내밀어 쿠키를 한 움큼 쥐었어. 그때 마치 마법사처럼 어디선가 쿠키 경찰이 나타나서 너를 잡는 거야. 쿠키 경찰은 쿠키도 못 훔친 채 침만 꼴깍이는 네게 소리치지.
"과자는 밥 먹은 다음에!"

쿠키란 미끼야. 만일 밥 먹기 전에 쿠키를 먹게 내버려 둔다면 다들 쿠키만 먹고 다른 건 먹지 않으려고 할 거야. 그러니까 쿠키를 나중에 먹게 하는 거야. 아이들은 모두 그걸 알고 부모님들도 다 아셔. 그리고 아이는 자라서 부모가 되면 비로소 부모님이 왜 그렇게 하셨는지 알게 되지. 우유랑 먹는다고 해도 쿠키만 먹고 살 수는 없잖아.

사실 이게 '쿠키를 먹느냐 마느냐' 하는 문제만은 아니야. 쿠키를 먹지 않고 참는 것은 욕구 조절을 배우는 것과 같아. '욕구'라는 말을 들어 본 적 있지? 점심시간을 알리는 종소리를 기다릴 때 배 속에서 꼬르륵거리는 것이 욕구가 일어나는 신호야. 그런데 너는 살면서 별의별 욕구를 다 만나게 될 거야. 네가 초콜릿이나 멋진 장난감이나 좋은 친구가 생기기를 간절히 원하는 것도 모두 욕구란다. 욕구는 네가 조절할 수만 있다면 나쁜 게 아니야. 그런데 반대로 욕구가 너를 조절한다면 그건 나쁜 거란다.

배고픔은 세상에 태어나 느끼는 첫 번째 욕구야. 먹는 것을 조절할 수 없는 사람들도 있어. 그래서 그 사람들은 배가 고프지 않을 때도 계속 먹는단다. 그건 욕구를 조절하는 것이 아니고 욕구에 조절당하는 거야. 새 장난감이나 운동화를 갖고 싶어 하는 것도 욕구야. 우리는 갖고 싶은 것을 갖지 못하면 그것을 계속 사고 싶어 해.

그런데 더 많은 것을 가지려고만 하면 이미 가진 것들을 제대로 누릴 수 없다는 문제가 생겨. 아무리 멋진 물건을 갖게 돼도 그걸로 오랫동안 행복할 수는 없거든. 좋은 사람들과 함께하고 네가 좋은 일을 할 때만 오래오래 행복해질 수 있는 거란다.

예전에 가난한 사람들에게 공짜로 점심을 주는 곳에 부잣집 아이를 데려간 적이 있어. 그런 곳을 무료 급식소라고 해. 그날 마리아라는 아이도 식사하려고 줄을 서 있었어. 그런데 그 애가 후식을 받고 환하게 미소를 짓다가 이내 울음을 터뜨리는 것야. 마리아는 "생일 축하해!"라는 빨간 글씨가 쓰인 생일 케이크를 후식으로 받았어. 어떤 사람이 빵집에 생일 케이크를 주문해 놓고 찾으러 오지 않아서 빵집 주인이 그 케이크를 이 무료 급식소에 보냈던 건데, 마리아가 그 케이크를 받은 거지. 부잣집 아이는 마리아에게 왜 우느냐고 물었어. 그러자 마리아가 "오늘이 내 생일인 줄 어떻게 알았을까?"라고 대답했단다. 마리아는 집이 너무 가난해서 그때까지 한 번도 생일 케이크를 받아 본 적이 없었던 거야.

그날부터 그 부잣집 아이는 자기 물건들을 사람들에

게 나눠 주기 시작했어. 그리고 무료 급식소에 가서 봉사 활동을 하는 등 좋은 일을 하는 데 많은 시간을 보냈어. 그날 그 아이는 사람은 물건으로 행복해지는 게 아니라 다른 사람에게 베푸는 친절로 행복해진다는 사실을 깨달은 거지.

그러니까 이것을 꼭 기억하렴. 쿠키나 과일처럼 달콤하고 맛있는 음식으로 식사를 마치는 것만 중요한 게 아니라, 네가 하는 모든 일을 그렇게 달콤하고 좋게 마무리하는 것도 매우 중요하다는 사실을 말이야. 네가 편지나

이메일을 쓸 때, "우리 곧 만났으면 좋겠다." 또는 "네가 최고야!"와 같은 친절하고 달콤한 말로 끝맺었으면 좋겠어. 그리고 친구 집에서 놀다가 집에 돌아갈 때, 친구의 부모님께 집에서 잘 놀게 해 주셔서 고맙다고 인사드리는 것을 잊지 않았으면 좋겠고. 이런 것들이 쿠키와 직접 관련은 없지만, 실제로 쿠키처럼 달콤한 거란다.

그러니까 쿠키같이 달콤한 걸 생각할 때면 네가 하는 모든 일도 그렇게 달콤하게 마무리해야겠다고 생각하면 좋겠어. 그게 우리가 후식을 먹는 이유야. 그리고 "과자는 밥 먹은 다음에!"라는 부모님의 말씀 속에 숨은 진짜 의미고.

3

> 방이 이게 뭐야?
> 돼지우리도 아니고!

    넌 어떤지 모르겠지만, 난 항상 내 방을 어질러 놓는 것을 좋아했어. 땀에 젖은 속옷을 침대 머리맡에 걸어 두는 것도 좋아했지. 그래야 마르면 금방 다시 입을 수 있잖아. 반쯤 먹다가 남긴 피자 조각을 침대 밑에 놓아두는 것도 좋아했어. 그래야 아침에 일어나서 바로 먹을 수 있으니까. 그리고 여동생이 내가 아끼는 물건을 가지러 내 방에 몰래 들어오다 내가 문 앞에 둔 야구공과 야구 방망이에 걸려 넘어지는 걸 좋아했어. 무엇보다 내 방, 내가 원하는 곳 어디에나 내 물건을 둘 수 있다는 게 좋았어.

내 물건과 내 방이니 내 마음대로 하는 것이 정말 그럴듯해 보였거든.

나와 생각이 다르셨던 엄마는 그런 행동을 옳지 않게 보셨던 것 같아. 엄마는 내 방을 보고 화가 나서 대부분 딱 잘라 말씀하셨지! "방이 이게 뭐야? 돼지우리도 아니고!"

내 방에서 내 물건을 내 마음대로 하는데 엄마는 왜 그렇게 못마땅해하시는지 나는 도무지 이해할 수가 없었어. 엄마가 들어오시지 못하게 하려고 방문 밖에 '절대

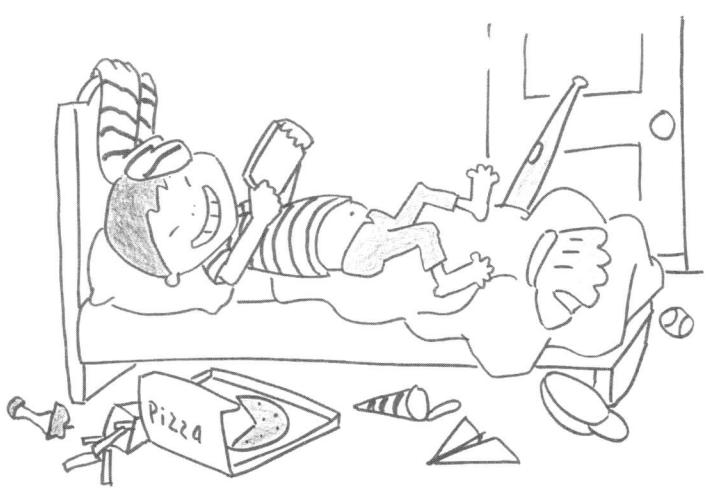

들어오지 마세요!'라는 팻말을 걸어 놓았지만, 아무 소용이 없었어. 어린애가 '절대 들어오지 말라!'고 해도 그것을 존중해 주시는 부모님은 안 계시거든.

그러던 어느 날 친구 집에 놀러 갔다가 그 친구가 하는 것을 보고 놀랐어. 친구들 중에 그렇게 하는 애는 본 적이 없거든. 그 친구는 야구를 하러 밖으로 나가기 전에 더러운 자기 옷을 세탁 바구니에 넣어 세탁기가 있는 곳으로 가져가는 거야. 그런 다음 그 옷들을 세탁기에 넣어 돌리는 거 있지. 나는 그 친구를 머리 두 개 달린 괴물처럼 신기하게 쳐다봤어. 그러니까 친구가 "왜? 난 항상 하는데 식은 죽 먹기야."라고 말했어.

그런데 더 놀라운 일은 그다음에 일어났어. 친구의 엄마가 오셔서 이렇게 말씀하시는 거야. "역시 우리 아들이 최고야. 오늘 엄마한테 큰 도움이 됐어."

그날 집으로 돌아오자 나도 엄마가 자랑스럽게 여길 만한 일을 하고 싶다고 마음속 깊이 결심했어. 그래서 그날 침대 밑에 있던 피자를 다 먹어 치웠어(물론 배탈이 났지). 침대 머리맡에 걸어 두었던 속옷을 치우고, 여동생이 걸려 넘어지게 하려고 놓아둔 '야구 방망이 덫'도 치웠어. 엄마가 방을 치우라고 하시지 않았는데도 방을 깨끗이 청소했지. 그 뒤로는 나중에 어른이 돼서 부모님과 따로 살게 될 때까지 늘 방을 깨끗하게 사용했어. 당연히 피자도 놔두지 않았고(물론 때때로 방이 엉망이 될 때도 있었지만, 그건 뭐 다른 문제고).

친구 집에 간 그날, 나는 내 방이 진짜로 나만의 방이 아니라는 사실을 깨달았어. 내 방은 부모님의 집에 있는 방이었던 거야. 부모님은 우리를 위해 행복한 가정을 이루려고 열심히 일하셨어. 그런데 난 내 방을 온갖 지저분한 것으로 가득 채워 놓음으로써 부모님이 우리 집을 멋진 곳으로 만드시려고 애쓰시는 걸 대수롭지 않게 여긴다고 말했던 거야. '방 청소'는 단지 침대 밑에 있는 피자를 치우는 문제가 아니야. '방 청소'는 가족의 일원이 된다는 것이고, 가족의 일 가운데 한 부분을 맡아서 한다는 뜻이야.

누군가가 널 존중하지 않으면 넌 그걸 금방 알아차리지? 그런데 네가 다른 사람을 존중하지 않는 것은 네가 잘 안다고 생각하니? 양쪽에서 서로 존중할 때 비로소 진짜로 '존중'하는 것이 돼. 다른 사람만 너를 존중하고 너는 다른 사람을 존중하지 않는다면 그건 불공평하지. 서로 존중하는 거야. 네 방을 청소하는 것도 그 한 가지 방법이고.

침대를 정리하고 빨래를 하는 가정부나 청소부가 집안일을 해 주신다고 해도 네가 '깨끗한 내 방'을 만드는 데 책임이 없는 것은 아냐. 방을 깨끗하게 사용하고 청소한다면, 그리고 네 빨랫감을 네가 세탁기에 넣는다면 그분들은 네 방 대신 너희 집의 다른 곳을 청소할 수 있게 되지. 그러면 그분들은 집안 청소를 빨리 끝낼 수 있을 테고 그만큼 부모님은 돈을 아끼실 수 있을 거야.

네 할 일을 함으로써, 너는 가족을 존중한다는 사실을 보여 주는 거야. 비록 식은 피자 먹는 것을 포기하고, 벗어 놓은 속옷을 가까이 두지 못하게 되더라도 말이야. 나를 한번 믿어 보렴. 따끈따끈한 피자와 깨끗한 속옷, 그리고 행복한 부모님을 위해선 충분히 스스로 방을 치울 만하다는 걸 말이야.

4

> 불 좀 끄고 다니면
> 어디 덧나니?

　아직은 어리지만 너도 이 커다란 지구의 한 부분이야. 그런 만큼 이 세상에는 네 도움이 필요하지. 지구는 점점 더워지고 또 더럽혀지고 있어. 그래서 너와 나를 포함해서 지구라는 행성에 살고 있는 모든 사람이 지구를 다시 시원하고 깨끗하게 만들도록 힘을 모아야 해. 부모님이 "불 좀 끄고 다니면 어디 덧나니?" 하고 잔소리하시는 것도 다 그래서야.

　만일 기껏 형광등 하나 끄는 일 때문에 너무 심하게 잔소리하신다고 생각한다면, 너는 아무것도 아닌 일을 큰 문제처럼 말씀하신다고 부모님께 화가 날지도 몰라. 한 대륙, 한 나라, 한 집에서 겨우 전등 하나 끈다고 지구가 깨끗해지지 않는다는 사실은 너도 알고 나도 알지. 하지만 모든 사람이 자기 방의 불을 끌 때 얼마나 중요한 일이 벌어지는지 네가 안다면 깜짝 놀랄 걸.

형광등 하나를 한 달 동안 사용하면 전기 요금이 1,930원 정도밖에 나오지 않는다는 걸 아니? 그렇지만 요금이 싸다고 방을 나갈 때 불을 끄지 않고 그대로 나가는 사람은 없어. 네가 한 달 동안 형광등 8개를 켜 놓는다고 상상해 보자. 그러면 그건 아무도 없는 곳에 불을 켜 놓음으로써 한 달에 18,790원 정도를 낭비한 것이 돼.

이건 단지 형광등에만 해당하는 게 아니야! 많은 사람들이 텔레비전을 켜 둔 채 다른 일을 하러 나가는데, 하루에 텔레비전을 8시간 켜 놓는다면 한 달에 전기 요금이 1,670원쯤 나오거든. 그런데 네가 만일 텔레비전을 켜 놓은 시간의 절반밖에 텔레비전을 보지 않았다면 넌 텔레비전으로 830원의 전기 요금을 낭비한 거야. 그러니까 텔레비전과 형광등만 해도 한 달에 19,620원의 전기 요금을 낭비한 셈이지.

걱정 마. 수학 문제는 거의 끝나 가거든. 진짜로 놀라운 이야기는 지금부터야. 잘 들어봐! 만일 내가 너에게 DVD나 음악 파일을 사라고 5만 원을 준다면 어떻게 하겠니? 아무도 없는 방에 불을 켜놓고, 아무도 보지 않는데 텔레비전을 켜놓아 전기를 낭비한 데다 또다시 전기를 사용할 5만 원어치 물건을 구입해 1년 동안 전기를 더욱 많이 사용하는 거잖아. 아! 그러고 보니 텔레비전을 아무도 안 보는 건 아니겠구나. 네가 키우는 개나 고양이나 물고기가 텔레비전을 볼지도 모르니까. 그렇지만 금

붕어가 정말로 그렇게 텔레비전 보는 걸 좋아하지는 않는다고 말해 주고 싶구나. (음, 그게 또 완전히 맞는 말은 아니겠구나. 만일 '세계 금붕어 수영 연맹'이라는 데서 금붕어가 좋아할 만한 프로그램을 만들어서 네가 그 프로그램을 금붕어랑 같이 본다면 그땐 전기를 낭비하는 건 아닐 테지.)

너희 가족이 1년에 5만 원을 아끼는 것은 네가 방을 나가면서 불을 끌 때 생기는 좋은 일들 가운데 아주 작은 것에 불과해. 부산광역시에 100만 가족이 있다고 해 보자. 만일 각 가정에서 전기를 꺼서 1년에 5만 원씩 아낀다면 부산광역시는 1년이면 500억 원을 절약하게 돼! 500억 원은 큰돈이야. 그 돈으로 가난한 사람들에게 음식을 마련해 줄 수도 있고, 버려진 고양이나 개를 돌볼 수도 있어. 전기를 아껴서 이 모든 좋은 일을 할 수 있는 거지.

있잖아. 네가 전등 스위치를 켜거나 텔레비전 리모컨의 전원 버튼을 누를 때 너는 전선을 통해서 '송전소'라는 곳으로 신호를 보내는 거야. 이 송전소는 발전소에서 만든 전기를 받아서 집이나 공장으로 전달하지. 그리고 발전소에서는 대개 가스나 석유나 석탄을 태워서 전기를 만드는데, 그런 연료를 태울 때 커다란 굴뚝에서 엄청나게 많은 가스가 나와서 지구를 담요처럼 덮어. 그러면 지구가 더워지는데, 그걸 '지구 온난화'라고 해. 이렇게 지구가 점점 더워지면 북극과 남극의 얼음이 매일 녹게 되지. 얼음이 녹은 물 때문에 바다의 수면이 점점 올라가고 그렇게 되면 바다와 가까운 도시에 바닷물이 넘쳐 홍수가 날 수도 있어.

하지만 이건 '지구 온난화' 때문에 일어나는 재난 가운데 한 가지일 뿐이야. 너도 아마 학교에서 '지구 온난화'에 대해 여러 가지 무서운 내용을 배웠을 거야. 그런데 선생님이 이건 안 가르쳐 주셨을 걸. 어느 날 바닷가 근처 어느 도시에 바닷물이 넘쳤는데, 그곳에 연세 드신 할아버지들 몇 분이 바둑을 두고 계셨다고 생각해 봐. 그때 바닷물이 할아버지들이 계신 곳까지 밀려든다면 그분들은 바둑판 주변에 둥둥 떠다니시게 되지 않을까? 그런데 바둑판은 무거워서 물에 잘 뜨지 않으니까 할아버지들이 아주 힘드실 거야. 그중 한 분이 네 할아버지일지도 몰라. 그러니까 바닷물이 넘쳐서 할아버지들이 가게 지붕 위나 편의점 옥상에서 구조되시는 일이 없도록 방에서 나올 때는 전등를 껐으면 좋겠다.

물론 지구 온난화는 바둑 두시는 할아버지들에게만 나쁜 게 아니야. 부모님이 운전하시는 차에서 나온 가스나 우리가 방에 없을 때도 켜 놓은 전기를 만들기 위해 공기 중에 내뿜은 가스 때문에 태풍과 가뭄이나 우리가 경험했던 아주 나쁜 기후가 생겼는지도 몰라. 어느 날 아침 잠에서 깼는데 서울 광화문에 있는 세종 대왕님 상의 목까지 물이 찼다는 소식을 듣게 될지도 몰라. 그리고 북극에 얼음이 없어서 북극곰은 더 이상 살 수 없게 되고 아프리카의 사막은 점점 더 넓어지겠지. 이러한 변화가 수백 년이나 수천 년에 걸쳐서 일어난다고 해도 더 나빠지지 않도록 지금부터라도 이 문제를 해결해 나가야 해.

네가 하는 아주 작은 일들이 사실 정말로 중요하다는 것을 꼭 기억하렴. 넌 네가 가족의 한 명일 뿐이라고 생각할지도 모르지만, 사실 우리나라 국민의 한 사람이고 더 나아가 인류의 한 사람이기도 해. 혹시 미국 애리조나 주에 있는 그랜드 캐니언을 아니? 만일 그렇다면 아주 작은 것이 아주 큰 차이를 만든다는 사실을 그곳에서 볼 수 있을 거야. 그 깊은 협곡도 아주 작은 물방울들이 만든 거야. 그 작은 물방울들이 함께 모여 작은 시내를 이루고, 그 작은 시내들이 모여 큰 강들을 이루었지. 그 큰 강들이 수천 년 동안 바위 바닥을 뚫고 흘러서 웅장한 협곡을 이룬 것이지. 그랜드 캐니언이 바로 웅장한 협곡이라는 뜻이야.

넌 단지 이 지구라는 행성에 사는 60억 명 중의 한 사람일 뿐이야. 하지만 모든 사람이 함께 일한다면 지구 위의 모든 것이 깨끗해질 수 있어. 가장 놀라운 것은 그렇게 큰일도 그저 작은 스위치를 가볍게 한 번 눌러 주는 것부터 시작할 수 있다는 점이야! 지구에 사는 모든 사람이 널 자랑스럽게 여길 거야. 물론 네 금붕어는 빼고 말이야. 네 금붕어는 텔레비전에서 나오는 금붕어 수영 대회를 보면서 어항에서 헤엄치는 걸 더 행복해할지도 모르니까.

5

부모님은 가끔 네가 네 방으로 들어가서 나오지 못하게 하시거나 거실 구석에 서 있게 하시는데, 그걸 타임 아웃이라고 해. 가벼운 얼차려라고 할 수 있겠지. 타임 아웃은 어떻게 보면 부모님이 너를 감옥에 집어넣은 것과 같아. 감옥과 다른 점이라면 네 방 창문에는 쇠창살이 없고 널 도와줄 똑똑한 변호사가 없다는 정도야.

그런 시간이 왜 필요한지 혹시 모르는 사람이 있을까 봐 설명할게. 예를 들면 네가 형과 함께 '침 멀리 뱉기 시합'을 했다고 하자. 그럴 때 부모님은 잠시나마 널 보거나 너와 이야기할 수 없을 정도로 화가 나셔서 너를 거실 구석이나 네 방에서 못 나오게 하시는 거야.

네가 커서 중·고등학교에 다닐 때가 되면 타임 아웃만으로는 안 되지. 그래서 '외출 금지'를 시켜 며칠씩 집에서 나가지 못하게 하시는 거야.

넌 그걸 벌이라고 생각해서 기분 나빠할 수도 있겠지만 나중에는 좋은 교육 방법이었다는 것을 알게 될 거야. 방에서 반성한 덕분에 마음을 가라앉히고 긴장을 풀며 자기 자신을 다스릴 시간을 갖게 되거든. 힘껏 달린 다음

에 숨을 고를 시간이 필요하다는 건 너도 알잖아? 그래, 방에서 혼자 반성한 덕분에 할 수 있는 게 바로 그거야. 숨 고르기. 방에서 반성하는 건 텔레비전 프로그램 사이에 광고를 내보내는 것과 같아. 모두에게 생각할 시간을 주는 거지. 방에 조용히 있다 보면 마음이 차분해질 것이고 부모님도 그러실 거야.

'이래라저래라' 하는 잔소리를 듣기 좋아하는 사람은 아무도 없는데 어렸을 때는 잔소리를 참 많이 듣지. 그게 어떤 건지 나도 알아. 가끔 하지 말라는 걸 하고 싶어서 좀이 쑤실 때가 있지? 예를 들면 식사 시간에 자전거를 타고 싶다거나 숙제하는 대신 텔레비전에서 재밌는 묘기를 펼치는 사람을 보고 싶을 때 말이야. 하라는 것을 하고 싶지 않을 때도 마찬가지야. 식탁 위에 어질러 놓은 걸 치워야 할 때를 생각해 봐. 그래서 어느 날은 "나 좀 내버려 둬!" 하고 냅다 소리쳤을지도 모르겠구나. 그런데 바로 그때 네가 원하는 게 '혼자 있는 시간'이잖니. 그 시간 동안에는 모두가 널 내버려 두니까.

여기서 부모님이 감추고 싶어 하실지도 모를 비밀 하나를 말해 줄게. 가끔은 부모님도 네 걱정 없이 조용히 보내실 시간이 필요하다는 거야. 부모님이 너를 사랑하시는 거야 변함없지만 네가 부모님에게서 잠시 벗어나고 싶듯 부모님도 네게서 벗어나고 싶으실 수 있거든. 누가 알겠어? 아주 가끔은 부모님도 너를 너무 몰아세우거나 잔소리를 너무 많이 한 건 아닐까 생각하시려고 너를 방에 들여보내시는지 몰라. 그러니까 방에 들어가서 반성하는 벌을 받은 적이 없더라도 너 스스로 그런 시간을 갖는 것도 좋지 않을까?

어떤 사람들은 일부러 달리기나 산책을 하며 나뭇가지에 앉은 새들의 울음소리나 스치는 바람 소리를 들으며 스스로 돌아보는 시간을 갖는단다. 그림을 그리거나 시를 쓰는 사람도 있고 머릿속의 잡생각을 없애려 명상하거나 기도하는 사람도 있어. 그런가 하면 잠자리에 누워 그날 하루 자신이 남에게 도움을 주거나 해를 끼친 일은 없는지 돌아보는 사람도 있고.

스스로 반성하는 시간을 갖는 사람은 자신이 사랑하는 것에 대해 생각하고 자신이 가진 것에 감사할 수 있어. 그러다 보면 살면서 무엇이 중요하고 무엇이 중요하지 않은지를 제대로 알 수 있게 되지. 자신에게 상처를 준 사람들을 용서할 생각도 하게 되고 착하게 잘 사는 방법도 생각하게 돼.

조용히 있는 시간이 너무 길면 사람이 이상해질 수도 있지만, 그 시간이 너무 짧으면 자신이 지금 잘하는지 아닌지 모를 수도 있어. 그러니 다음번에 방에 들어가서 반성하는 벌을 받거나 외출 금지를 당했을 때는 부모님을 제대로 한번 골탕 먹여 봐. "엄마, 아빠 미워!"라거나 "억울해, 너무너무 억울해요!"라고 소리치지 말고 그냥 웃으면서 엄마, 아빠를 쳐다보고 이렇게 말하는 거야. "고마워요. 마침 그게 필요하던 참이거든요."

6

달콤한 아이스크림이랑 양파 중에 뭐가 더 먹고 싶어? 야구 시합을 보면서 빵이나 과자를 먹는 것이랑 치과에 가서 충치 치료를 하는 것 중엔 뭐가 더 좋아? 이런 문제야 선택하기 쉽지만, 살다 보면 정정당당하게 겨룰 것인지 반칙할 것인지 같은 어려운 선택을 해야 할 때도 있어.

안타깝게도 반칙을 저지르는 방법은 아주 많아. 친구들과 운동 경기를 할 때는 보통 심판이 없지? 그래서 너는 다른 선수들이 정정당당할 것이라고 믿는 수밖에 없고 친구들도 너를 믿는 수밖에 없어. 배드민턴 시합을 할 때 상대가 친 공이 선 안으로 들어왔는데도 밖에 떨어졌다고 우겨서 한 점 올릴 수 있어. 야구 할 때 공을 받으러 달려가는 상대 선수의 발을 걸어 넘어뜨릴 수 있고, 축구를 할 때는 상대의 머리를 향해 공을 찰 수도 있어. 카드 놀이를 할 때는 상대의 카드를 슬쩍 훔쳐볼 수 있고, 단어 맞추기 놀이에서는 모르는 낱말을 사전에서 몰래 찾아볼 수 있어. 그리고 부메랑 날리기 놀이에서는 상대의 부메랑을 숨길 수도 있고!

반칙을 저지르는 사람은 어떻게 하는 게 옳은지 잘 알지만 단지 이기고 싶은 생각에, 또는 원하는 것을 얻기 위해, 그것도 당장 얻기 위해 반칙을 저지르는 쪽을 선택하는 거야. 일단 한번 이런 나쁜 선택을 하면 나쁜 선택을 하기가 점점 더 쉬워지지. 그러다 보면 정정당당하게 시합하는 게 어떤 건지 아주 금방 잊어버리게 돼.

정정당당한 시합을 선택하는 것이 어려운 이유는 반칙을 저지르는 사람이 종종 시합에서 이기기 때문이야. 올림픽에 출전한 달리기 선수나 수영 선수가 스테로이

드라는 약물을 복용했다는 뉴스를 본 적이 있지? 그런 약물 덕분에 당장은 더 빨리 달리고 헤엄칠 수 있을지 모르지만, 결국 그 때문에 건강을 해칠 수 있단다. 더 나쁜 건 유명한 선수들이 스테로이드를 쓰는 걸 보고 고등학교 선수들도 따라 하기 시작했다는 점이야. 그러니까 네가 반칙하면 너에게만 나쁜 것으로 끝나는 게 아니야. 다른 사람들에게 나쁜 본보기가 될 수도 있는 거지.

　게다가 반칙으로 시합에서 이기면 진정한 승리의 기쁨을 얻을 수 없어. 반칙한 사실을 너 말고 아무도 모른

다 해도 너 자신은 알잖아? 그래서 이겨도 진짜 이긴 기쁨을 맛볼 수 없는 거야. 그건 음식을 아무리 먹어도 배가 부르지 않는 것과 같지. 생일 파티를 열었는데 전혀 웃을 수 없는 것과도 같아. 이겼을 때 자랑스러운 기분을 느낄 수 있는 방법은 정정당당하게 겨루어 이기는 것뿐이야.

한 가지 행동은 항상 한 가지 결과를 낳아. 그건 삶의 법칙인데, 맛있고 달콤한 건 설탕이 너무 많이 들었고 건강에 좋은 건 모두 쓴 맛이 나는 것과 같아. 운동 경기에서 반칙을 저지르다 보면 반칙하는 게 버릇이 되어 나중에는 다른 일들, 예를 들면 학교 같은 곳에서도 반칙하게 돼. 운동 경기에서 반칙한 사람은 시험 볼 때 부정행위 같은 반칙을 하는 게 훨씬 쉽지.

어쨌든 정정당당하게 싸우는 것이 반칙하는 것보다 더 재밌어. 난 2002년 동계 올림픽 피겨 스케이팅 경기에서 금메달을 딴 사라 휴즈를 만난 적이 있어. 휴즈가 금메달을 딴 바로 다음이었지. 피겨 스케이팅을 하는 것과 금메달 따는 것 중 어떤 것이 더 재미있느냐고 물었더니 휴즈는 생각할 것도 없이 바로 대답하는 거야. "스케이팅이요!" 그래서 내가 그랬지. "바로 그래서 당신이 우승한 것 같군요!" 단지 이기려고 경기하면, 이길 수도 있고 질 수도 있어. 하지만 정정당당하게, 그냥 재미있게 놀려고 시합하면 절대로 지는 일이란 없는 거지.

 이런 어려운 선택을 할 수 있는 건 너뿐이고, 그 선택으로 너 자신뿐만 아니라 너를 훌륭하다고 생각하는 사람들도 바뀔 수 있어. 부모님은 너를 믿으셔. 체육 선생님도 너를 믿고 다른 선생님들도 너를 믿어. 물론 나도 너를 믿어. 너를 믿는 사람들을 실망시키지 않으려 노력한다면 네가 참가하는 모든 중요한 시합에서 이길 거야.

7

> 할머니, 할아버지가
> 알아들으시게
> 큰 소리로 말씀드리렴

 사람은 나이를 어느 정도 먹어야 늙은 걸까? 나는 어렸을 때 대학생 형이나 누나들이 늙었다고 생각했어. 내가 대학에 간 다음에는 결혼한 사람들을 늙었다고 생각했지. 그런데 결혼하니까 자식이 있는 사람들이 늙은 것 같았고, 자식이 생겼을 때는 손자가 있는 사람들이 늙어 보이는 거야. 그런데 손자와 손녀를 둔 지금은 더 이상 웃지 않는 사람들만 늙었다고 생각해.

 늙는다는 건 좋은 점도 있고 나쁜 점도 있어. 좋은 점은 지하철을 무료로 탈 수 있고, 고궁이나 박물관 같은 공공시설을 무료 또는 다른 사람보다 싼 요금으로 들어갈 수 있다는 거야. 그리고 인생에는 늙지 않으면 알 수 없는 것도 있어. 내가 정말로 잘하는 일이나 나를 정말로 사랑하는 사람, 삶에서 정말로 중요한 것 등. 그래도 늙어서 제일 좋은 점은 손자, 손녀를 볼 수 있는 거야. 손자나 손녀의 자식까지 본다면 운이 정말 좋은 거고!

늙어서 나쁜 점은 듣거나 달리거나 뛰는 게 젊었을 때 같지 않다는 거야. 늙으면 몸이 약해지고, 오줌과 방귀도 더 자주 나오는 것 같아. 근육과 뼈도 약해지고 얼굴에는 주름이 많아지지(요즘 유행하는 새로운 약품으로 주름을 편다면 또 모르겠지만). 늙으면 무언가를 기억하거나 듣는 일이 더 어려워져. 기억하거나 들리는 척할 수도 있지만 항상 그럴 수 있는 건 아니야. 무얼 기억하고 듣는 것처럼 꾸미는지까지 잊어버릴 수 있거든.

하긴 그렇게 많이 늙지 않아서 잘 달리고, 걷고, 듣는 할머니, 할아버지도 있지. 그런데 잘 듣지 못하는 할아버지에게 큰 소리로 말씀드리는 것과 같은 배려는 할아버지들에게만 필요한 게 아니야. "할머니, 할아버지가 알아들으시게 큰 소리로 말씀드리렴."이라는 부모님의 말씀에 담긴 뜻은 대충 이래. "늘 다른 사람이 겪는 어려움을 이해하고 힘닿는 데까지 도와야 한단다."

장애가 있는 사람은 책을 읽거나 달리기 시합 같은 일을 하기가(불가능한 건 아니지만) 어렵지. 장애의 종류는 정말 많고, 장애인들은 특별한 도움이 필요하단다. 그래서 도울 수 있다면 넌 그들을 도와야 해. 사실 생각해 보면

누구나 도움이 필요할 때가 있지. 할머니, 할아버지가 알아들으시게 큰 소리로 말씀드리라는 건 부모님 식 표현이고, 부모님이 네게 정말로 가르치고 싶으신 건 바로 어려운 사람을 도우라는 거야. 부모님은 다음번엔 네게 '큰 소리로 말씀드리렴'이라고 하지 않아도 되길 바라서. 말하지 않아도 할머니, 할아버지께 어려움이 있다는 걸 네가 스스로 알아서 돕기를 바라시는 거야.

장애인들의 어려움을 살피고 돕는 건 그 사람들에게만 도움이 되는 일이 아니야. 너 자신에게도 도움이 된단다. 도움이 필요한 사람들을 도우면 좀 더 친절하고 따뜻하고 감수성이 풍부한 사람이 되거든. 즉 더 훌륭한 사람이 되는 거란다. 사람들에게 언제 도움이 필요한지 아는 것을 '동정심'이라고 해. 잘 못 들으시는 할머니, 할아버지께 큰 소리로 말씀드리는 건 네가 정말로 사랑하고 너를 정말로 사랑하는 그분들에게 동정심을 베푸는 한 가지 방법이야.

사실 어려운 사람을 돕는 일은 너에게 부족한 부분

을 스스로 아는 데 도움이 되기도 해. 어떤 점에서 우리는 모두 장애인이란다. 어쩌면 넌 수학을 잘 못하거나 많은 사람 앞에서 말하기를 두려워할지 모르지. 완벽한 사람은 아무도 없어. 다른 사람이 어려움을 이겨 내는 것을 돕다 보면 어려움을 이겨 내려는 네 의지가 강해질 수도 있어.

나는 열네 살 때 수술을 받아서 가슴에 흉터가 남았어. 그 흉터가 너무 부끄러워서 모든 일에 자꾸 자신이 없어졌단다. 내 마음을 알아주는 사람이 아무도 없었는데, 그러다가 역시 가슴에 흉터가 있는 사람을 만나게 됐어. 그 사람은 겉모습 때문에 내가 느끼는 기분이 어떤지 알았고, 나는 그 사람의 도움으로 그 어려움을 이겨 낼 수 있었지.

어떤 사람을 정말로 잘 알려면 그 사람 입장이 되어 봐야 한다는 말이 있어. 그건 우리 모두 다른 사람이 겪는 어려움을 이해하려고 노력해야 하고 그 어려움을 조금이라도 덜어 주려 노력해야 한다는 말이야. 한 할아버지가 손자에게 이런 축복의 말을 하시는 걸 들은 적이 있어. 할아버지는 손자의 눈을 똑바로 바라보며 말씀하셨지. "잘 들으렴. 앞으로 살아가면서 도움이 필요한 사람들을 만날 텐데, 그럴 땐 힘닿는 데까지 도와주어라."

지금까지 살면서 많은 연설을 들었고 축복하는 말도 많이 들었지만 그 할아버지의 말씀이 최고였단다.

8

　세상은 *끈끈이* 오물로 가득해. 손으로 잡으면 손가락 사이로 흘러 발등에 떨어지는 더러운 물질 말이야. 여름철 연못에 가면 녹색으로 물 위를 뒤덮은 더껑이를 볼 수 있어. 달팽이나 개구리 몸에서 나오는 점액도 있지. 그것 말고도 머리카락, 치약 흘린 것 등 뭉쳐서 하수관을 막아 버리는 집안 오물도 있어.

　그래, 맞아. 나는 끈끈이 오물 전문가라고 할 수 있는데, 많은 연구 끝에 내린 결론은 모든 *끈끈이* 오물 가운데 제일 고약한 건 사람의 입에서 나오는 *끈끈이* 오물이라는 거야. 바로 말-오물이지. 네 입에서 콧물처럼 누런 끈끈이 오물이 줄줄 흘러나오는 모습을 상상해 봐. 우웩! 부모님이나 선생님처럼 너를 사랑하는 사람들이 "말 좀 곱게 할 수 없겠니?" 하고 말씀하시는 건 네가 나쁜 말을 할 때 얼마나 역겹고 못되게 보이는지 깨우쳐 주시려는 거야. 다 너를 도우시려는 거지.

 욕할 때 우리는 사실 말이라는 끈끈이 오물로 상대를 덮어 버리는 거야. 좋아하는 사람에게 말-오물을 던지는 건 나쁜 거고, 싫어하는 사람에게 말-오물을 던지는 것

또한 괜찮은 것이 아니야. 둘 다 나빠. 네가 미운 사람을 향해 말-오물을 던지면 상대도 곧바로 말-오물을 네게 던지게 돼. 그 다음엔? 아마 주먹이 오가겠지.

학교 식당에서 옆자리 아이가 끈적이는 음식을 네 깨끗한 옷에 흘리고도 미안하다고 말하기는커녕 네 모습이 역겹다고 마구 놀린다면 어떻겠어? 넌 자리에서 벌떡 일어나서 먹던 음식을 그 애 얼굴에 던지겠지. 그러면 그 애가 네게 말-오물을 던질 거고 너도 그 아이에게 말-오물을 던질 거야. 그 다음이야 뻔하지 뭐. 결국 둘 다 교장 선생님께 불려 가겠지. 둘 다 고약한 냄새를 풀풀 풍기면서 말이야. 사실 싸움까지 하게 된 건 말-오물 때문이지, 옷에 흘린 음식 탓이 아니야. 말-오물 때문에 상황이 더 나빠졌어.

조심해! 말-오물은 언제든 화성에서 온 꿈틀이 외계인처럼 네 세계에 침투할 수 있으니까. 학교 버스와 식당과 운동장은 모두 징그러운 끈끈이 오물이 자라는 곳이니까, 그런 곳에 들어갈 때는 반드시 보호 장비를 갖추어야 해. 네가 말-오물을 던지거나 남에게서 말-오물을 맞고 화가 나서 싸우지 않게 막아 주는 제일 좋은 보호 장비는 속으로 이렇게 계속 외는 거야. "이런 건 하나도 중요하지 않아!" 성질 고약한 누군가가 네게 안 좋은 말을 하더라도 그건 전혀 중요하지 않아. 누군가 아무것도 아닌 일로 불같이 화내더라도 그 사람이 왜 화내는지는 전혀 중요하지 않아. 중요한 건 그런 것들이 중요하지 않다는 사실을 기억하는 거야. 그 사실을 떠올리면 마음이 진정되고 네 입에서 흘러나와 너를 역겨운 냄새로 뒤덮으려던 말-오물이 바짝 말라 버리지. 그래서 속으로 "이런 건 하나도 중요하지 않아!" 하고 외라는 거야.

내가 어렸을 때 같았으면, 욕하는 아이를 보신 어른은 비누로 그 애의 입을 씻어 주셨을 거야. 요새는 그러기가 좀 어렵지. 랩을 부르는 가수나 인기가 많은 연예인들은 노래할 때나 인터뷰할 때 나쁜 말을 많이 써. 영화 속 등장인물이나 텔레비전에 나오는 사람들도 지저분한 말을 많이 하고. 요새는 정말 많은 유명 인사들이 사람들 앞에서 말-오물을 내뱉는다니까. 유명하다고 말-오물을 던져도 되는 건 아니야. 유명한 사람이 던진 거라 해도 오물은 오물이니까.

　말-오물이 말을 대신하고 있어. 평소에 욕하며 자란다면 나중에는 다른 사람들과 말로 이야기하는 법을 잊어버릴 수 있어. 연못의 끈적끈적한 더껑이가 연못의 물을 덮어 버리듯이 말-오물은 네가 실제로 하려는 말을 덮어 버리거든. 그러니까 욕처럼 나쁜 말을 하는 것은 진짜 말을 없애 버리는 방법이라고 할 수 있어.

　욕이나 나쁜 말을 쓰는 건 실제로 말을 사용하는 게 아니야. 말 대신 말-오물을 쓰는 건데, 그건 대화할 때 꿀꿀거리는 울음소리를 내는 것과 같아. 누군가에게 화났을 때 화를 가라앉히는 가장 좋은 방법은 그 화난 마음과 이유를 그 사람에게 말로 설명하는 거야. 화는 염산과 같은 것일지도 몰라. 너의 좋은 부분을 먹어 치우고 오물밖에 남기지 않으니까. 그리고 화를 말-오물로 표현하는 건 자기 머리를 때린 다음에 다른 사람의 머리가 아프기를 바라는 것과 같아. 그러니까 다음번에 화가 났을 땐 숨을 깊이 들이마셔 보렴. 화를 다스리는 방법을 배우면 오물이 아닌 말로 화를 표현하는 데 도움이 될 뿐만 아니라 말로도 화낼 필요가 없어질지도 몰라.

네가 하는 말은 상대방에게 너를 어떻게 대해 달라고 표현하는 것과 같아. 그러니까 상대방이 너를 징그러운 화성인으로 생각해 주길 바란다면 말-오물을 던져. 하지만 상대방이 너를 존중해 주길 바란다면 먼저 그 상대방이 네 말을 존중하도록 하는 게 어떨까? 우리의 손과 눈과 귀는 우리를 세상과 만나게 해 주는 가장 좋은 수단이야. 이와 마찬가지로 우리의 말은 우리가 다른 사람과 만나는 가장 좋은 수단이란다.

누군가와 만날 때 말-오물을 조금도 남기지 않도록 노력해 보렴. 그러면 더럽고 끈적거리는 오물 없이 사는 것이 얼마나 즐거운지 알게 될 거야!

9

　우리가 사는 세상은 경고 표지판으로 가득해. 어떤 건 알아보기가 쉽고 어떤 건 더 어려울 뿐이지, 다 경고 표지판이야. 예를 들면 계속 가기 전에 잠깐 멈추라고 경고하는 멈춤 표지판이 있어. 산길에는 사슴이나 토끼가 길을 건널 수도 있으니 조심하라는 표지판도 있고. 그런데 살면서 가장 중요한 경고 표지판 가운데는 막대에 걸리거나 도로 위에 쓰여 있지 않은 것도 있지. 부모님이나 너를 돌봐 주시는 분들이 이런 질문을 하실 때가 있지 않니? 아주 단순하면서도 정말로 무서운 질문 말이야. "나

한테 뭐 할 말 없니?"

그 말은 커다란 글씨로 이렇게 쓰여 있는 표지판과 같아. "너는 지금 네가 한 못된 짓으로 평생 외출을 금지당하기 직전이야. 하지만 나는 너를 사랑하기 때문에 마지막으로 네가 털어놓을 기회를 딱 한 번 주겠어. 그래도 벌은 받겠지만 네가 잘못하지 않은 척할 때 받을 벌보다는 약할 거야. 계속 입 다물고 있으면, 구석에서 벌서는 걸로 끝날 줄 알아? 방에서 못 나오게 할 수도 있고 집밖에 나가는 건 꿈도 꾸지 못하게 할 수도 있어. 한마디로 완전히 큰일 난 거지!" 이 모든 말이 표지판에 다 안 들어가니까 부모님은 짧게 줄여서 "나한테 무슨 할 말 없니?"라고 경고하시는 거야.

부모님은 이렇게 마지막으로 경고하심으로써 네게 바른 것을 선택할 마지막 기회를 주시는 거야. 넌 부모님께 네가 한 짓을 사실대로 말씀드릴 수도 있고, 거짓말해서 빠져나가려고 할 수도 있지. 부모님이 네 거짓말을 믿으실 수도 있지만 그래도 세 가지 문제가 있어. 첫째, 거짓말은 나쁘다는 거야. 둘째는 거짓말이 들통 나면 사실대로 말씀드렸을 때보다 더 큰 벌을 받는다는 것이고, 셋째는 너에 대한 부모님의 믿음이 산산조각나고 만다는 거야.

    게다가 부모님은 단순히 네가 어떤 일을 한 건지 궁금해서 묻는 게 아니야. 부모님은 대개 네가 한 일을 이미 알고 계시거든. 부모님이 정말로 물으시는 건 이거야. "너, 우리를 믿니?" 사랑에서 가장 큰 부분을 차지하

는 게 믿음이야. 부모님은 네가 두려움을 느낄 때나 나쁜 일을 하다 들켰을 때도 모든 것을 말씀드릴 만큼 그분들을 믿는지를 물으시는 거야. 부모님은 네가 무슨 문제가 있으면 자신들을 찾을 수 있는지 아셔야 하고, 그건 너도 알아야 하거든.

가끔 그렇게 보이지 않을 때도 있겠지만 부모님은 늘 네 편이셔. 누구나 때때로 실수한다는 걸 아시거든. 계속 잘못을 저지르는 사람과 실수에서 교훈을 얻는 사람의 차이점은, 실수에서 교훈을 얻는 사람은 문제가 있을 때 사랑하고 믿는 사람들에게 도와 달라고 부탁한다는 거야. 부모님은 네가 문제를 해결해서 더 나은 사람으로 자라도록 돕고 싶어 하셔. 네가 부모님을 믿을 수 있다면 잘못을 저질렀더라도 사실대로 말씀드리는 것이 좋아. 그러면 혼자가 아니라 부모님과 함께라고 여겨지거든.

가는 막대기 하나를 잡고 부러뜨려 봐. 쉬울 거야, 그렇지? 자, 이제 막대기 세 개를 꽉 붙잡고 한꺼번에 부러뜨려 봐. 안 되지? 함께한다는 건 바로 그런 거야. 아프리카의

'마사이' 부족에는 이런 속담이 있어. "여러 개의 막대기가 한 다발로 묶여 있을 때는 어른도 부러뜨릴 수 없지만, 하나씩 따로 있을 때는 아이라도 부러뜨릴 수 있다."

사람도 마찬가지야. 혼자 해결하기 어려운 문제가 있더라도 너를 사랑하는 사람들과 함께 있으면 넌 절대 부러지지 않아.

10

> 어디서 말하는 데 끼어드니?

에이, 너 바보야? 여동생이 제일 아끼는 곰 인형을 들고 샤워하는 게 나쁘다는 것쯤 너도 알잖아? 동생이 자려는데 고릴라처럼 꾸미고 옷장에서 튀어나오는 게 나쁘다는 것도 알잖아? 선생님이 교실에 안 계실 때 칠판에 '우리 선생님은 바보!'라고 써 놓는 게 나쁘다는 것도 알고 말이야. 코딱지를 파서 의자 밑에 붙여 놓는 게 나쁘다는 것도 알지?

네가 알면서도 저지르는 나쁜 짓은 그 밖에도 아주 많아. 그런데 네가 모르고 저지르는 나쁜 짓이 그보다 훨씬 많은 건 몰랐지? 인터넷에서 돈을 내지 않고 음악을 다운로드하는 게(원래 무료라고 되어 있다면 모를까) 옳지 않다는 걸 아니? 숙제할 때 인터넷에서 그대로 베껴 놓고 선생님께는 그 자료를 어디에서 얻었는지 말씀드리지 않는 게 나쁘다는 건 아니?

다른 사람이 말하는 도중에 끼어드는 것도 마찬가지야. 너만할 때 나는 저녁 식사 시간에 당근이랑 다른 채소가 섞인 것을 다 먹으면(사실 절반쯤은 아무도 몰래 우리 강아지에게 먹였어. 모양도 맛도 꽝이었거든.) 빨리 식탁에서 일

어나고 싶었어. 그래서 대화가 한창일 때 불쑥 끼어들어 이렇게 내뱉었지. "먼저 일어나도 돼요?" 그냥 일어나지 않고 먼저 물어봤으니까 그게 정말 예의 바른 행동이라고 잘못 생각했던 거야.

너는 알아듣지도 못하고 아무런 관심도 없는 이야기를 어른들끼리 하고 계시면 정말 따분하잖아? 어딜 가야 제일 좋은 과일을 살 수 있다느니, 외국에서 무슨 일이 벌어지고 있다느니, 너를 데리고 치과에 갈 날을 며칠로 예약한다느니……. 어른들이 그런 따분한 이야기를 하시면 그 자리에서 빠져나와 전혀 다른 걸 하고 싶지? 당장 말이야. 어떤 이야기는 완전히 졸음 바이러스라서 앉아서 듣느니 차라리 수학 숙제를 하고 싶어진다니까.

어른들의 따분한 대화 자리에서 탈출할 방법은 그리 많지 않아. 기껏해야 대화가 잠시 끊기기를 기다렸다가 공손하게 "죄송하지만 저 먼저 일어나서 수학 숙제 하러 가도 될까요?" 하고 말씀드리는 게 고작일 걸. 이 방법이 대개는 잘 먹히는데, 솔직히 말해 그분들도 실은 네가 그

자리에 없는 게 더 편하기 때문이야(네 가족이 이야기하는 걸 좋아해서 다음날 아침 식사 때까지 대화하는 사람들이 아니면 좋겠는데).

여동생이 제일 아끼는 곰 인형을 개한테 던져 주는 것이나 남동생이 키우는 금붕어에게 짜디 짠 과자를 주는 것이나 누나 방 옷장에 숨어서 누나와 친구들의 대화를 엿듣는 것에 비하면 어른들 대화에 끼어들기는 네가 이번 주에 저지른 나쁜 짓들에는 끼지도 못한다고 생각할지 모르겠구나.

그런데 말이야. 다른 사람들이 이야기하는 데 끼어드는 건 그 사람들보다 너 자신을 더 중요하게 생각한다고 발표하는 것과 같아. 끼어들기는 단순히 예의 없는 행동만이 아니야. 사람들 앞에서 큰 소리로 트림하거나 방귀를 뀌거나 입을 가리지 않은 채 재채기할 때는 예의가 없다고 하지. 그런데 다른 사람의 말을 귀담아듣지 않을 때는 나쁘다고 해. 귀담아듣지 않는 건 "난 관심 없어." 하고 말하는 것과 같기 때문이야. 항상 다른 사람이 말할 때 끼어들면서 그 말을 귀담아듣기란 불가능하거든.

다른 사람이 말을 끝내기를 기다리지 않는 것은 그 사람에게 네가 지구에서 누구보다 잘났으니까 네 앞에서 비켜 달라는 것과 같아. 운전자가 자기 앞에 있는 차를 향해 이유 없이 "빵!" 하고 경적을 울리거나 사람들이 길게 줄을 서서 차례를 기다리는데 슬쩍 새치기하는 것과도 같고.

가족과 함께 차를 타고 먼 길을 가는데 갑자기 화장실에 가고 싶은 거야. 부모님께 차를 세워 달라고 말씀드려야 하잖아? 당연히 부모님이 네 말을 귀담아들어 주시길 바라지? 그런데 화장실에 가고 싶다는 네 말을 엄마가 들은 척 만 척 "여보, 라디오 소리 좀 키워요. 제가 정말 좋아하는 노래가 나와요." 하고 말씀하신다면 네 기분이 어떻겠니?

사실 더 중요하거나 덜 중요한 사람은 없어. 살면서 만나는 모든 사람들이 존중받을 만해. 그런데 존중한다는 것은 네가 말하기 전에 다른 사람이 말을 끝내기를 기다리는 일부터 시작하는 거야.

 넌 살아가며 크고 작은 많은 집단에 속하게 될 거야. 어떤 땐 집단의 지도자가 되기도 할 텐데, 지도자가 사람들 말을 귀담아듣지 않으면 사람들이 그를 따르지 않지. 훌륭한 지도자의 특징은 여러 가지지만 모두 남의 말을 잘 들어 준다는 게 공통점이야.

 팀에 들어가서 운동해 보았니? 훌륭한 감독을 만난 적이 있다면 알겠지만 가장 좋은 감독은 대개 그 운동을 제일 잘 아는 사람이 아닐 거야. 선수들을 제일 잘 아는 사람이 좋은 감독이지. 감독이 선수들을 잘 아는 것은 선수들의 말을 주의 깊게 듣고, 말하는 도중에 자르지 않기 때문이고.

 학교에 다니면서 정말 좋은 선생님을 만난 적이 있다면 알겠지만, 제일 좋은 선생님도 제일 많이 아는 분이 아니야. 학생들의 질문을 제일 잘 들어 주는 분이지. 수업 시간에 친구들과 함께 과제를 해결해 보았으면 알겠지만, 많이 말하는 아이가 문제를 잘 해결하는 게 아니야. 남의 말을 잘 듣고 서로 도울 줄 아는 아이가 문제를 잘 해결해.

넌 남의 말을 자르고 끼어들면 바라는 걸 얻을 수 있을 거라고 생각할지 모르겠지만, 그렇게 해서는 원하는 걸 얻을 수 없어. 너를 사랑하는 사람들에게서 배워야 해. 그런데 그 사람들의 말을 귀담아듣지 않는다면 제대로 배울 수가 없지. 잘 듣는 것은 배우는 데 도움이 되고, 배움은 이해하는 데 도움이 되고, 이해는 널 현명하게 만들고, 현명하면…… 더 잘 듣게 돼!

그러니까 식탁에 좀 진득하게 앉아 있으면 더 현명해질지 누가 알겠어? 다음번에는 그렇게 해 봐!

11

> 친구가 한다고
> 무조건 따라 할래?

　누군가 코로 면발을 빨아들여. 사람들이 그걸 보면 참 한심하다고 생각해서 따라 하지 않을 것 같지? 그런데 사실 그걸 따라 하는 사람이 많아.

　다른 사람들이 하는 한심한 짓을 우리가 이유 없이 따라 하는 경우가 얼마나 많은지 알면 정말 놀랄 거야. 시험 볼 때 커닝하기, 위험한 도로에서 스케이트보드 타기, 폭죽놀이, 인터넷으로 모르는 사람과 채팅하기, 가게에서 물건 훔치기, 그냥 재미로 남의 우편함 깨뜨리기, 담배 피우기 …… 그 밖에도 수많은 어리석고 위험한 일을 많은 아이들이 그저 다른 사람을 따라 하다가 배우게 되는 거야.

네가 친구를 따라서 코로 면발을 빨아들인다면 부모님은 분명히 이런 말로 널 혼내실 거야. "친구가 한다고 무조건 따라 할래?" 귀에 못이 박히게 들은 말이지?

이건 사실 부모님이 네게 대답을 바라고 하시는 질문이 아니야(사실 이 책에는 대답할 필요가 없는 질문이 아주 많은데, 그런 질문이 훨씬 더 짜증나지. 그런 질문을 어려운 말로 '수사적 질문'이라고 해).

물론 넌 친구가 다리에서 뛰어내린다고 같이 뛰어내리지는 않을 거야. 그건 부모님도 아시고 너도 알아. 부모님은 네가 그런 질문에 '아니요.'라고 대답할 거라고 예

상하시는 거야(설마 네가 '예'라고 대답할 바보는 아니겠지?). 그렇지만 부모님을 한번 놀려 주고 싶으면 이렇게 대꾸해 봐. "엄마, 그거 수사적 질문이죠?"

다른 사람의 행동을 따라 하는 건 자연스러운 일이야. 우리가 알고 있는 것들도 사실 모두 그렇게 따라 하면서 배운 걸. 우린 그렇게 해서 걷기, 게임하기, 덧셈, 알아듣게 말하기 등을 배우지. 그런데 공을 치는 사람을 따라 하는 것과 코로 면발을 빨아들이는 사람을 따라 하는 것은 아무 차이가 없다고 생각할지도 모르겠다. 두 가지 모두 따라 해서 배운다는 점이 같으니까. 그렇지만 공을 치는 것을 따라 하는 건 야구를 배우는 데 도움이 되지만 코로 면발을 빨아들이는 것은 코가 막힐 뿐이야. 부모님은 네게 한심한 짓 말고 유익한 행동을 따라 해서 배우라고 깨우쳐 주고 싶으신 거지.

바보 같은 행동을 따라 하는 데서 오는 문제는 처음엔 별거 아닌 짓을 따라 하지만 나중에는 위험한 짓도 따라 한다는 거야. 처음엔 코로 면발을 빨아들이지만 나중에는 차들이 많은 복잡한 도로에서 스케이트보드를 타게 되고, 처음엔 재미로 계란을 던지지만 나중에는 돌로 남의 집 유리창을 깨고, 처음엔 친구의 연필을 훔치지만 나중에는 남의 차를 훔치게 되는 거야.

도움이 되는 좋은 행동과 한심한 짓을 구별하기란 분명히 쉬운 일이 아니야. 다리에서 뛰어내리는 건 당연히 한심한 짓이야. 친구를 따라 한다고 다리에서 뛰어내릴 바보는 없으니까 말이야. 그렇지만 다른 것들도 그렇게 따라 하지 않을 수 있을까? 친구들이 입는 옷, 친구들이 하는 말, 친구들이 사람이나 동물을 대하는 태도……. 그런 것도 따라 해야 할까 아니면 따라 하지 않아야 할까?

그걸 판단하는 한 가지 방법은 네가 따라 하려는 사람들을 눈여겨보는 거야. 네가 그 사람들을 보며 감탄하는 건 단지 그들이 멋져 보이거나 인기 있어 보이기 때문은 아닐까? 우리가 사는 세상에는 정말 바보 같고 슬픈 일들이 있는데, 그런 것들 가운데 하나가 바로 많은 사람들이 아무것도 아닌 일로 유명해지는 거야. 불타는 건물에서 아이를 구한 것도 아니고 전쟁에서 용감하게 싸운 것도 아니야. 그렇다고 감동적인 음악을 작곡하거나 인상적인 그림을 그리거나 아주 좋은 소설을 쓰거나 교훈이 담긴 영화를 만든 것도 아니야. 아무것도 한 게 없어! 아무것도 한 게 없는데도 그런 사람을 따라 하는 건 한심한 일이야.

학교에서도 마찬가지야. 학교에도 인기 많은 아이들이 있지? 넌 그 애들이 그저 인기가 많다고 그 애들을 따라 하고 싶을지 모르겠다. 그 애들을 따라하면 너도 유명해질 거라고 생각하겠지. 어른들 세상에서처럼 학교에서도 사실 아무것도 아닌 일로 유명해질 수 있는데 말이야.

자, 네가 좋은 선생님과 좋은 아이들이 있는 좋은 학교에 다닌다고 해 보자. 가장 유명한 아이들은 다른 아이들을 제일 잘 돕는 아이들일 거야. 다른 아이들과 잘 어울리고 늘 남에게 친절한 아이들 말이야. 그런데 너도 알다시피 보통 학교에서는 그렇지 않아. 대개는 잘생기거나 운동을 잘하는 아이들이 인기가 많지. 그렇지만 명심

해! 따라 할 만한 가치가 있는 사람을 따라 해야 해.

어떤 것을 따라 하고 따라 하지 않을지 결정하는 제일 좋은 기준은 '너 스스로 확신하는지'야. 이 기준에 따르면 어떤 행동을 따라 하는 것이 좋을지 하지 않는 게 좋을지 잘 모를 때는 따라 하지 않는 게 좋아. 백 퍼센트 자신 없는 행동은 따라 할 이유가 없어. 나한테는 이 방법이 잘 맞았지. 너한테도 잘 맞을 거야.

네가 혼자 힘으로 생각할 줄 알게 되면 자신을 존중할 수 있고, 자신을 존중할 수 있을 때 정말로 다른 사람을 사랑할 수 있게 된단다. 남을 사랑할 수 있으면 사랑하는 사람과 결혼해서 평생 함께할 수 있고, 결혼하면 아이가 생길 수 있어. 아이가 생기면 너도 이제 막 코로 면발을 빨아들이는 법을 배워 온 아이에게 이렇게 물을 수 있지. "친구가 한다고 무조건 따라 할래?"

면발 하나로 인생에서 중요한 교훈을 이렇게 많이 배울 수 있다니 정말 놀랍지 않니?

12

> 두 번 말하게
> 하지 마라!

나는 옛날에 우리 집 구석 어딘가에 운동 경기의 심판이 살았으면 좋겠다고 늘 생각했어. 부모님에게 억울하게 혼난다고 생각될 때 심판을 불러서 부모님에게 아웃을 선언하게 하면 속이 시원할 것 같았거든. 희망 사항일 뿐이었지, 뭐! 우리 집에 심판이라곤 엄마랑 아빠뿐이었어. 부모님은 대개 공정하셨지만, 한 가지 내 마음에 들지 않는 점이 있었어. 야구에는 스트라이크가 세 번 돼야 아웃을 선언하는데 우리 집에서는 스트라이크가 두 번뿐인데도 걸핏하면 내게 아웃을 선언했거든.

부모님이 나에게 이것저것 하라고 말씀해 주셔도 나는 거의 따르지 않았어. 그러면 부모님은 "두 번 말하게 하지 마라!" 하고 말씀하셨어. 그게 한 번의 스트라이크인 거야. 즉 다음에 또 그러면 아웃을 선언하신다는 뜻이지. 아웃이 되면 잠시 구석에서 벌을 서거나 하루 동안 방에 갇히거나 아예 며칠 동안 외출을 금지당하는 거야. 그러니까 실은 스트라이크를 한꺼번에 두 번 받는 거나 마찬가지였지. 야구 시합이었다면 기회가 한 번 더 있었겠지만, 야구 시합 규칙이 우리 집에는 적용되지 않으니 어쩌겠니?

"두 번 말하게 하지 마라!"는 마지막 경고야. 부모님보다 야구 시합이 더 공정해 보인다는 게 말이 안 된다는 건 나도 알아. 그렇지만 그게 사실인 걸. 그런데 네가 이 말을 믿을지 모르겠지만 부모님이 스트라이크 개수를 정하신 데는 아주 타당한 이유가 있어.

사실 너는 한 가지 반 개 치만 일하면 돼. 학교에 다니며 공부하는 것은 중요하니까 그게 한 가지 일이야. 그

밖에 인터넷으로 게임 기술을 익히거나 요즘 뭐가 유행인지 아닌지 아느라 바쁠 테지만, 그런 건 썩 중요하지 않으니까 그게 반 개고. 그래서 한 가지 반이라는 거지. 그렇지만 부모님은 여러 가지 일을 하셔야 해. 우선 네가 그 한 가지 반 개 치를 일할 수 있도록 부모님은 교복과 인터넷 게임을 살 돈을 버셔야 돼. 그러려면 일하셔야지. 그리고 네가 사는 집을 잘 꾸미셔야 하고 네가 먹을 간식거리가 떨어지지 않도록 준비하셔야 하지. 너를 의사나 치과의사에게, 아니면 미용실에도 데려가셔야 하고 가끔은 네게 비싸고 좋은 음식도 먹이셔야 해. 게다가 그 모든 것을 부모님 자신을 위해서도 하셔야 하고.

정말 많은 일이지. 그래서 가끔은 네 도움이 필요하셔. 네게 한 번만 말해도 다시 말하실 필요 없이 네가 알아서 신발을 잘 정리해 주길 바라시는 거야.

"두 번 말하게 하지 마라!"는 부모님이 날마다 너를 위해 하시는 일을 네가 정말로 고맙게 여기는지 알아보기 위한 시험 같은 거야. 부모님이 말씀하시자마자 네가 행동으로 옮기는 것은 너를 보살펴 주시는 부모님을 사랑하고 존중한다는 걸 보여 드리는 중요한 방법이야. 부모님에게 사랑한다고 말씀드리는 것도 좋지만 부모님이 시키시는 일을 하는 것이 더 좋은 방법이야. 네가 조금만 더 부모님 말씀을 잘 들으면 부모님은 훨씬 편해지실 거야.

나중에 네가 커서 부모님과 따로 살게 되면 "두 번 말하게 하지 마라!" 시절이 끝날 것이라고 생각할지 모르지만, 천만의 말씀! 사실 그때야말로 네 인생에서 제일 힘든 "두 번 말하게 하지 마라!" 시절이지. 대학에 가면 교수님들은 무엇을 읽어야 하고 숙제를 언제까지 제출해야 하는지 단 한 번만 말씀해 주실 뿐이야. 교수님들은 두 번 다시 말씀해 주시지 않아. 학교 기숙사에 전화해서 네가 숙제를 잘하는지 알아보시지도 않고 말이야. 매일 강의실에서 너를 보더라도 숙제 낼 날이 얼마 남았는지 가르쳐 주시지도 않아. 심지어는 "두 번 말하게 하지 마라." 하고 말씀해 주시지도 않지.

대학을 졸업하고 직장에 다니게 되면, 사장은 "두 번

말하게 하지 마라!"고 단 한 번도 경고해 주지 않을 걸. 스트라이크를 한 번만 받아도 넌 회사에서 바로 잘리는 거야!

어른이 된 다음에도 누가 전등을 끄라든지 빨래를 하라고 잔소리해 줬으면 좋겠다고 생각했던 게 기억나. 주말이 되려면 아직 며칠 더 있어야 하는데 갈아입을 속옷이 한 벌밖에 남아 있지 않을 때가 많았거든. 그런데 자신에게 "두 번 말하게 하지 마라!" 하고 말하는 게 무슨 소용이 있겠니?

잘 생각해 보면, 자랄 때 스트라이크를 둘이라도 받을 수 있다는 건 행운이라는 걸 깨달을 거야. 그렇긴 해도 검은 제복을 입고 얼굴과 가슴에 보호 장구를 찬 심판을 집에 둔다는 생각은 참 멋진 것 같아. 어느 집에나 필요하지 않겠니? 그렇지만 지금까지 그렇게 생각하는 사람이 나밖에 없어서 안타까울 뿐이구나.

13

> 까마귀가 형님 하자고 하겠다!

 부모님은 내가 어른이 될 때까지 이 책에 있는 잔소리들을 최소한 한 번씩은 하셨지만, 딱 하나만은 아니었어. 바로 "까마귀가 형님 하자고 하겠다!"라는 말이었는데, 그건 내가 실제로 동물처럼 자랐기 때문이야. 우리 할아버지가 동물원에서 사육사로 일하셔서 나도 주말이면 할아버지가 계신 동물원에 가서 기린에게 호밀 빵을 먹이고 새들에게 과자를 먹이며 지냈거든.

 할아버지는 동물을 사랑하는 법을 가르쳐 주셨지만 동물과 인간의 다른 점도 가르쳐 주셨지. 동물에게 털과

어금니 또는 가죽과 뿔이 있어서 사람과 다른 것이 아니었어. 동물은 무엇이 맞고 틀린지 구별하지 못하지만 인간은 구별할 수 있어서 다르다는 것이었어. 할아버지는 동물이 하고 싶은 일을 하고 싶은 때, 하고 싶은 곳에서 한다고 설명해 주셨어. 동물은 아무 곳에나 똥을 싸고, 싸우고 싶을 때면 즉시 으르렁거리며 싸우지만, 동물에게 그러지 말라고 가르칠 수 있는 사람은 거의 없어. 그런데 할아버지는 동물이 그러는 게 나쁜 짓이 아니라고 말씀하셨어. 동물은 원래 그렇기 때문이라는 거야.

물론 사람도 동물이지. 우리도 다른 동물들처럼 먹고, 자고, 똥을 싸니까. 그렇지만 우리가 동물이라는 사실을 기억하는 만큼 우리는 더 바르게 먹고 몸을 깨끗이 하고 편하게 쉬어야 해. 어떤 동물이든 몸에 좋은 음식을 먹고 털이나 깃털이나 비늘 또는 피부를 깨끗하게 해야 하니까. 인간의 경우에는 과일과 채소를 더 많이 먹고 설탕과 사탕(거의가 설탕이지)은 더 적게 먹어야 하고 아무리 못해도 1년에 한 번은 목욕이나 샤워를 해야지(그런데 내가 그랬다고 부모님께 말씀드리진 마!). 또 밤이면 자야 하고 잠자리에 들기 전에는 잊지 말고 이를 닦아야 해.

다른 동물들은 이 모든 걸(아, 이 닦는 건 아닐지 모르겠다) 태어나면서부터 저절로 알지만 무슨 이유에서인지 인간이라는 동물은 이것들을 어렵게 배워야 해. 인간은 제일 똑똑한 동물일지는 몰라도 우리 자신을 돌보는 데는 그리 똑똑하지 못한 거야.

그렇지만 우리는 그저 그런 동물이 아냐. 우리는 자신을 다스릴 수 있고 올바른 일을 할 수 있으니까. 그래서 부모님이 네게 잔소리하시는 거야. 네가 옷에 음식을 흘리거나 식당에서 웃고 떠들다가 입에 든 주스를 내뿜거나 흙투성이 옷을 입은 채로 깨끗한 소파에 앉거나 발을 탁자에 올려놓거나 음료수를 마신 다음 트림하거나 방귀를 뀔 때 말이야. 이렇게 행동하는 데 어떻게 "까마귀가 형님 하자고 하겠다!"라고 하시지 않겠니?

인간에게는 동물보다 차원 높은 규칙이 있어. 그렇다고 동물들이 어떻게 하나 보려고 동물원까지 갈 필요는 없어. 너희 집 개가 카펫에 오줌을 싸거나 고양이가 소파를 갈기갈기 찢는 것만 봐도 동물이 어떻게 행동하는지 알 수 있거든. 녀석들은 저희보다 더 힘센 짐승이 막지 않는 한 먹고 싶으면 먹고, 화가 나면 으르렁거리거나 쉬쉬 소리를 내거나 물어뜯어. 우린 그러지는 않잖니? 적어도 그러면 안 된다는 건 알고 말이야. 동물이랑 다르게 우리는 말로(물론 오물 같이 더러운 말은 쓰지 않는 게 좋고) 문제를 해결하지.

어린 시절 나는 동물원의 동물을 사랑하는 만큼 사람도 사랑하고 존중해야 한다는 걸 종종 기억해야 했어. 한

번은 학교에서 나를 때린 친구 녀석보다 동물원의 원숭이가 더 좋다고 할아버지께 말씀드린 적이 있어. 그러자 할아버지는 그 친구가 원숭이보다 못할지도 모르지만 고릴라보다는 나을 거라고 대답하셨어. 당근을 주지 않는다고 고릴라가 할아버지에게 똥을 던졌다는 거야. 그래서 나는 그 친구가 똥을 던지더라도 놀라지 않을 거라고 말씀드렸지. 할아버지는 껄껄 웃으셨고, 우리는 호밀빵을 조금 잘라서 기린 우리로 갔어.

그렇게 말씀드렸지만 할아버지 말씀이 맞는다는 건 나도 할아버지도 알았지.

14

어릴 때는 네 마음대로 할 수 있는 게 옷 입는 일뿐인 것 같지? 부모님이 그마저 이래라저래라 하시면 넌 네 인생이 정말 네 것 맞나 의심스러울지 몰라. 그래서 부모님이 무얼 입고 무얼 입지 말라고 간섭하시면 아이들이 골내는 거야.

너도 집에서 옷 입는 일로 부모님과 한두 번 전쟁을 치른 게 아닐 걸. 전쟁의 원인은 너무 줄여서 입은 바지, 형형색색 운동화, 이상한 그림이 그려진 티셔츠 등일 거야. 그렇지만 요즘 제일 큰 전쟁은 배꼽을 둘러싸고 벌어지는 것 같아. 많은 부모님들은 딸이 배꼽티를 입거나 치마나 바지를 골반까지 내려 입은 걸 보면 화내셔. 그러니 옷보다 살이 더 많이 보이는 짧은 치마나 바지는 더 말할 것도 없지.

　형이나 누나가 있다면 머리 모양 때문에 벌어지는 전쟁을 보았을 거야. 귀나 혀, 배꼽이나 눈썹은 물론 들어보지도 못한 곳에 고리를 꿰어 달거나 장식을 박는 피어싱을 두고 벌어진 전쟁도 보았겠지. 너도 문신이나 노랑

머리, 두건이나 굽이 너무 높은 신발, 요상한 티셔츠나 너무 짙은 화장, 한밤중의 선글라스, 욕이 인쇄된 티셔츠 등을 둘러싸고 부모님과 팽팽한 전쟁을 벌였을지 몰라.

 이런 게 하나라도 부모님 눈에 띄었다간 바로 불호령이 떨어질 거야. 방에 다시 가서 단정하게 하고 나오라고 말이야. 그럴 땐 보통 이렇게 말씀하시지. "그렇게 입고 어딜 나가!"

 부모님 때문에 다시 옷을 갈아입는 게 싫어서 몇 가지 잔꾀를 부릴 수는 있겠지만 잔꾀는 하나도 신통한 게 없어. 예를 들면 창문으로 빠져나가서 네 모습을 좋아할 만한 다른 가족을 찾아 함께 살면 되지 않을까? 그렇지만 이 방법은 썩 좋지 않아. 이층 창문에서 땅바닥에 떨어질 때 요란한 소리가 나서 들킬 수도 있고 심하면 다리가 부러질 수도 있으니까. 더구나 높은 아파트에 사는 아이들은 이 방법을 쓸 생각은 꿈도 못 꿀 테고.

 또 다른 방법은 크고 긴 코트를 입고 가는 거야. 부모님이 싫어하시는 모습을 코트로 숨기는 거지. 그런데 이 방법은 겨울에는 어쩌다 통할 수도 있지만 따뜻한 날씨에는 아무 소용이 없어. 여름에 목까지 단추를 채우는 코트를 입고 밖에 나가면 스파이같이 보일 테고(부모님이 스파이거나, 스파이 영화처럼 너와 형이나 누나가 스파이라면 또 모르지). 그러면 당장 부모님이 너를 의심하실 거고 그러면 무서운 호통을 들어야 돼. 그러다 보면 학교에 지각하게 되겠지.

가장 흔히 써먹는 방법은 "다들 이렇게 하고 다닌단 말이에요." 하고 핑계를 대는 거야. 그런데 이렇게 부모님께 대꾸하는 방법에는 두 가지 문제가 있어. 우선 부모님은 "다들 그러고 다니든 말든 상관없어. 너는 너니까." 하고 말씀하실 걸. 아니면 꽉 끼게 줄인 바지를 입지 않는 아이들의 이름을 줄줄 말씀하실 수도 있지. 아니면 그 유명한 잔소리를 하실 수도 있어. "친구가 한다고 무조건 따라 할래?" 말이야.

마지막으로 부모님께 제발 다시 입고 나가라고 하시지 말아 달라고 애원하는 방법이 있지. "제가 촌뜨기처럼 입고 다녀야 속이 시원하시겠어요?" 하고 말이야. 그런데 이 방법에는 위험이 따라. 바로 부모님이 널 안아 주시거나 입맞춤을 하시며 이렇게 속삭이실 수 있다는 거야. "애야, 너 촌뜨기 맞단다." 만약에 부모님이 그렇게 말씀하시면 이제 진짜 다른 방법이 없으니 옷을 바꿔 입는 게 좋을 거야.

그나마 나은 방법은 부모님께 이렇게 말씀드리는 거야. 네 옷차림이 유니폼 구실을 한다고 말이지. "군인은 군인답게 차려입지 않나요? 환자들도 그렇고 간호사도 그렇고 보이 스카우트, 걸 스카우트 아이들도 그렇잖아요. 제 주변의 옷 잘 입는 친구들도 그래요." 네 차림새가 그런 친구들과 어울릴 수 있는 허가증 같은 것이라고 말씀드릴 수도 있겠지. 그래서 네게 차림새를 바꾸라고 하시는 건 친구들을 바꾸라는 말씀과 같다고 말이야.

안됐지만 네가 아무리 멋지게 연설해도 변하는 건 아무것도 없어. 부모님도 멋지게 연설하실 수 있으니까. 그런데 부모님이 정말 말씀하시고 싶은 것은 사람들이 네 겉모습으로만 너를 평가하고 미워할 수도 있다는 거야. 반항아처럼 하고 다니면 네 본마음과 상관없이 사람들은 네가 권위를 존중하지 않는다고 생각하게 돼. 야하게 보이는 옷을 입으면 사람들은 네가 겉멋만 잔뜩 들었다고 생각하게 되고, 네게 아무리 좋은 면이 있어도 그걸 알아주지 않게 돼. 사람들은 옷차림으로 사람됨을 판단할 수 있다는 사실을 부모님은 네게 가르쳐 주고 싶으신 거야.

게다가 옷을 잘 입어야만 같이 놀아 주는 아이들하고 어울리는 건 썩 바람직해 보이지 않아. 학교에서 그런 아이들하고만 있으면 다른 아이들은 너에게 다가오지 못하게 되기 때문에 너는 너하고 비슷한 아이들하고만 어울리게 되지. 성숙한 어른이 되고 싶으면 너하고 다른 사람들을 만나서 그 아이들에게 배우고 그 아이들을 이해해야 해. 지금 너의 옷차림이 너와 다른 사람들을 만나는 데 방해된다면, 부모님 말씀처럼 지금 당장 옷차림을 바꿔야 해.

15

오늘부터 외출 금지!

　1939년에 개봉한 〈오즈의 마법사〉라는 영화에서 주인공 도로시는 〈무지개 너머 어딘가에〉라는 아름다운 노래를 불렀지. 나는 노래 끝에 나오는 질문이 특히 마음에 들어. "행복해 보이는 저 작은 파랑새는 무지개 너머로 날아가는데 나는 왜 못 가지?"

　아마 너희 집에서도 그렇겠지만 우리 집에서는 답이 뻔했어. "부모님이 외출을 금지시켰기 때문이지."

　어려서 불리한 일이 많지만 변호사를 부를 수 없다는 것도 그중 하나야. 어른은 재판을 받을 때 법정에서 자기를 변호해 줄 변호사를 부를 수 있거든. 돈이 없어 변호사를 부를 수 없는 가난한 사람에게는 나라에서 공짜로 변호사를 지원해 주기까지 하고 말이야. 그렇지만 아직 어리다면 나쁜 짓을 해서 부모님께 혼날 때(좋은 일을 너무 늦게 했거나 해야 할 일을 하지 않았거나 나쁜 짓을 하는 애를 보고도 말리지 않았을 때) 변명을 대신해 달라고 변호사를 부를 수 없어. 네게 판사나 배심원이 필요한지 결정할 수도 없고, 목격자를 부를 수도 없고, 아예 재판조차 받을 수가 없어. 그냥 외출 금지라는 벌을 받는 거야.

외출 금지! 한마디로 갇히는 거야. 네가 한 일 때문에 화가 나신 부모님이 너의 모든 자유를 빼앗으시는 상황을 나타내는 말로 그보다 더 좋은 말도 없을 걸. 다른 때 같으면 새나 비행기나 슈퍼맨처럼 네 세상인 듯 훨훨 날아다닐 수 있지만 외출을 금지당하면 학교 말고는 어디에도 갈 수 없으니까.

외출 금지는 더 어렸을 때 받았던 '타임 아웃'이랑 비슷하지. 꼬마들은 방에서 꼼짝하지 않고 반성하는 벌을 받잖아? 그 벌은 외출 금지에 비하면 아주 짧지. 방구석에 앉아 있거나 벽을 보고 잠깐 서 있으면 되니까. 그렇지만 외출 금지는 며칠씩 계속되고 심하면 몇 주, 심지어는 몇 달도 가. 그래도 1년 넘게 외출을 금지당한 아이는 못 봤어.

물론 외출 금지에도 여러 등급이 있는데 네가 얼마나 큰 잘못을 저질렀는지, 그리고 부모님이 얼마나 화나셨는지에 따라 등급이 결정돼. 가벼운 외출 금지는 학교에 다녀와서는 밖에 나갈 수 없지만 전화와 컴퓨터는 쓸 수 있어. 조금 더 무거운 외출 금지는 밖에 나갈 수 없는 것은 물론 전화를 쓸 수도, TV를 볼 수도 없고 음악을 듣지도 못하고 컴퓨터를 쓸 수도 없지. 이 벌을 용케 참은 아이 가운데 가장 오래 견딘 아이는 3주하고 하루를 견뎠어.

외출을 금지당할 때 얻게 되는 첫째 교훈은 아주 분명해. 부모님이 대장이라는 거지. 규칙을 만드는 건 네가 아니고 부모님이야. 네가 하고 싶은 일을 결정하는 것도 네가 아니고 부모님이야. 그건 네가 강아지가 집안에서 똥 싸지 않게 훈련하는 것과 크게 다르지 않아. 강아지는 네가 주인이니 네 말을 들어야지 제멋대로 하면 안 된다는 것을 배워야 해.

뭐, 이건 어떤 아이도 듣고 싶지 않은 교훈일 거야. 특히 자기를 강아지랑 비교하는데 누가 듣고 싶겠어. 그렇지만 좋은 소식이 있어! 둘째 교훈이야. 훨씬 더 중요하고, 앞으로 네가 사는 동안 훌륭하고 행복한 사람이 되는 데 도움이 되는 교훈인데, 바로 행동에는 결과가 따른다는 거야. 지금 네가 하는 행동에 따라서 네 미래가 정해진다는 거지. 힌두교 사람들은 그걸 카르마(불교의 업業)라고 부르고 부모들은 '외출 금지'라고 불러. 그렇지만 그 밑에 깔린 생각은 거의 같아. 네 모든 행동이 다 중요하다는 거지. 개를 쓰다듬거나 부모님께 안녕히 주무시라고 인사드리거나 남에게 예의 바르게 말하는 것 같은 사소한 행동으로 나중에 네게 좋은 일이 생긴다는 거야.

눈 덮인 산꼭대기에서 작은 돌 하나가 떨어져서 거대한 눈사태를 일으키는 걸 상상해 봐. 카르마나 외출 금지도 그와 비슷해. 네가 오늘 작지만 좋은 일을 한다면 그게 나중에 좋은 산사태를 일으킬 수 있어. 이와 마찬가지로 개를 걷어차거나 부모님께 악을 쓰거나 누군가에게 부탁하면서 예의 바르게 말하지 않거나 도움을 받고도 감사하다고 말하지 않는다면, 그런 행동으로 나쁘고 무시무시한 산사태가 일어날 수 있어. 운이 좋거나 나빠서 그렇게 되는 게 아니라, 네가 착하거나 나쁘게 행동해서 그렇게 되는 거야. 나쁜 일을 했는데 용케 벌을 받지 않았거나 좋은 일을 했는데도 아무도 알아주지 않는다 해도, 언젠가는 네게 그 결과가 돌아와. 그게 카르마니까.

외출을 금지당하면 화날 수도 있겠지. 그렇지만 부모님이 왜 그런 벌을 내리실 수밖에 없었는지를 생각해 볼 수도 있을 거야. 부모님이 너무 엄하신 거라고 생각되면 부모님께 가서 말씀드려. 그러면 부모님이 정말 중요하게 생각하시는 게 무엇인지 알 수 있고, 부모님은 네게 어떤 경고가 필요한지 아실 수 있겠지. 너는 어른이 되려면 연습이 필요하다고 말씀드릴 수 있고, 부모님은 네가 어른처럼 행동하는 건 위험하니까 굳이 그럴 필요가 없다고 말리실 수 있겠지.

부모님과 그런 대화를 나눌 수 있다면 외출 금지도 한번 받아 볼 만하지 않겠니? 넌 그저 자유롭고 행복하게 무지개 너머로 훨훨 날아가고 싶지? 부모님은 네가 무지개에 부딪히지 않길 바라셔.

너도 부모님도 모두 옳은 거야.

16

    네 방의 창문으로 노을이 지는 아름다운 풍경이나 장엄한 산이나 나뭇가지에서 노래하는 새들을 한참 바라보는 건 괜찮지만 사람을 빤히 바라보는 건 괜찮지 않아.

    몸에 생크림 케이크 100개를 맞는다면 당연히 사람들이 널 바라보겠지. 벌거벗은 채 학교에 간다면 당연히 사람들이 널 바라볼 거야. 상어가 사는 수족관에 뛰어들어도 당연히 사람들이 널 바라볼 거야. 하지만 네가 그냥 거리를 걷거나 의자에 앉아 있거나 아이스크림을 먹는데 너를 빤히 쳐다보는 사람은 없을 거야.

사실 너나 나나 쳐다보지 않고는 못 배길 때가 있다는 걸 알아. 누군가 키가 2미터가 넘거나 정말 뚱뚱하거나 정말 예쁘거나 장애가 너무 심하다면, 그땐 쳐다보지 않기가 정말 힘들어. 그런데 네가 교실에서 누군가를 그렇게 쳐다보거나 식당에서 네 옆자리에 앉은 사람을 그렇게 본다면 부모님이 황급히 작은 목소리로 이렇게 말씀하실 거야. "그렇게 빤히 보는 거 아냐!" 그러면서 식탁 아래로 네 다리를 차실지도 모르지.

사람들은 누군가가 자기를 빤히 볼 때 불쾌해져. 겉모

습이 보통 사람들과 아주 다른 사람에게 누가 빤히 바라보면 어떤 기분이 드는지 한번 물어봐. 휠체어에 탄 사람에게도 누가 빤히 바라보면 기분이 어떤지 물어봐. 화상을 입은 사람이나 얼굴이 흉터투성이인 사람에게도 물어봐. 팔이나 다리가 없는 사람에게도 물어봐. 아마 다들 누가 빤히 바라보면 마음에 상처를 입는다고 말할 걸. 그럴 때면 자신이 어울리지 않은 자리에 있는 것 같고 다른 사람들과 함께 있으면 안 될 것 같거든.

너도 사람들이 쳐다보는 게 싫어서 쥐구멍으로라도 기어 들어가고 싶다고 생각해 본 적이 있을 거야. 어쩌면 집에서 허겁지겁 나와서 보니 양말을 짝짝이로 신고 나왔던 적이 있을지도 모르지. 코에 코딱지를 묻히고 있었을 수도 있어. 비둘기가 날아가다가 네 머리에 똥을 쌌을지도 모르고. 그럴 때 처음엔 아주 창피하다가 온종일 사람들이 쳐다보니 창피한 건 둘째 치고 나중엔 기분이 열 배나 나빠졌을 거야. 그런 기분을 알면서 다른 사람을 빤히 쳐다봐서 기분 나쁘게 하면 되겠니?

남을 빤히 바라보는 게 나쁜 건 그저 무례한 행동이라서가 아니야. 그렇게 빤히 쳐다봄으로써 사람들의 같은 점보다는 다른 점을 주로 보게 되기 때문에 나쁜 거지. 사람은 겉모습이나 성격이나 재능이 모두 다르지만 바탕은 누구나 똑같아. 우리는 누구나 행복하길 바라고 누구에게나 친구가 필요하고, 누구나 사랑받아야 하고, 누구나 자신이 잘하는 걸 하고 싶어 해. 모든 사람의 같은 점을 생각하다 보면 우리 모두 가까워져. 그런 생각을 하다 보면 우리가 만나는 사람들이 남이 아니라 친구에 더 가깝다는 걸 깨닫게 되니까.

잘 들어 봐. 저마다 피부색이 다르고 신발 크기도 다르지만 우리 몸속에 흐르는 피의 색깔은 다 붉은색이야. 겉모습 뒤에 숨은 것을 볼 줄 알면 지구 위에서 다른 사람들과 함께 산다는 게 더 좋아 보일 걸. 물론 빤히 바라보는 버릇을 고치는 데도 도움이 되고.

마지막으로 한 가지 더 생각해 봐야 할 게 있어. 너는 네 눈에 이상해 보이는 사람들을 빤히 바라보겠지만 그 사람들 눈에는 네가 이상하게 보일 수 있다는 거야. 나는 그걸 장애가 있는 아이들의 운동회에 갔을 때 처음 알게 됐어. 경기장을 나서는데 갑자기 휠체어에 탄 아이들 백 명쯤에 둘러싸였어. 휠체어 농구 경기를 하러 가는 아이들이었어. 그때 서서 걷는 사람은 나 혼자였는데, 휠체어에 탄 애들은 나보다 훨씬 빨리 움직였지. 그때 한 아이가 나를 향해 미소 지으며 다른 아이들에게 이렇게 말하더구나. "애들아, 속도를 줄이자. 사람이 지나가잖아. 저분은 우리만큼 빠르지 못해." 그 아이는 날 보고 미소를 지었고 나도 마주 웃었어.

그날 나는 알게 됐단다. 모두가 미소 짓는다면 서로 빤히 보는 것도 괜찮다는 걸.

17

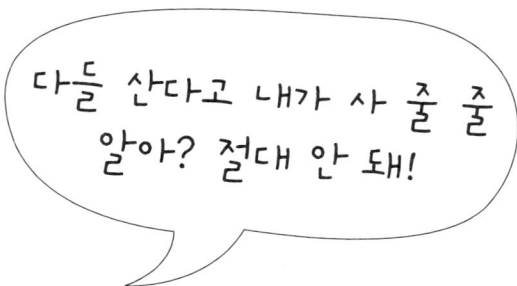

　벌거벗은 채 학교에 가고 싶어도 그러지 못하는 건 학교에서 그러지 못하게 규칙으로 정했기 때문이야. 그러니 옷을 준비해야 해. 추운 겨울에는 따뜻한 옷이 필요하지. 옷이 없으면 손가락이 얼어서 부러져 버릴지도 몰라! 그런데 비디오 게임을 하려면 손가락이 있어야 하잖아? 참, 옷 말고 책도 사야지. 책은 네 정신을 건강하고 유연하고 창의적이고 강하게 해 주니까.

　그러다 보니 네가 사야 할 게 아주 많은 것 같지만 전혀 필요 없는 것도 많아. 헬리콥터는 살 필요가 없지. 우주선도 필요 없어. 독이 있는 뱀도 필요 없고. 백 가지 날이 달린 주머니칼도 필요 없어. 네가 갖고 싶어 하는 게 모두 필요한 건 아니지? 그래, 네게 필요 없는 것을 세어 보면 엄청나게 많아.

그냥 갖고 싶은 것과 꼭 필요한 것이 어떻게 다른지 아직 잘 모르겠으면, 아마 부모님이 이런 말씀으로 가르쳐 주실 거야. "다들 산다고 내가 사 줄 줄 알아? 절대 안 돼!"

넌 철들면서 그냥 갖고 싶다는 이유만으로 부모님에게서 어떤 걸 얻을 수는 없다는 것을 깨달았을 거야(그런데 할머니나 할아버지는 좀 다르시지. 할머니, 할아버지는 보통 손자에게 무얼 사 주는 걸 좋아하시거든. 나도 거의 할머니가 과자를 사 주셨어). 가끔은 네가 원하더라도 그게 너무 비싸서 부모님이 사 주시지 못할 때도 있어. 월세를 내거나 은행에 돈을 갚거나 반찬거리를 사는 게 더 중요하잖아? 네가 뭔가 사 달라는데 돈이 없어 사 주시지 못하는 부모님은 얼마나 속상하시겠니? 그런 부모님께 떼쓰면 부모님은 더욱 마음이 아프시지.

그렇지만 부모님에게 돈이 있다 해도 네가 원하는 걸 바로 사 주실 수 있는 건 아냐. 네가 원하는 물건이 아이들이 갖기에는 너무 비싸다고 생각하실 수도 있으니까. 사탕 껍질이나 수업 시간에 뒷자리 친구에게 받은 쪽지, 그리고 몽당연필 몇 자루와 머리카락이나 비듬이 가득한 빗과 먹다가 만 과자나 넣으려고 엄청나게 비싼 가방을 사는 건 한심한 일이 아닐까? 몇십만 원 하는 가방이 체육 시간이면 냄새나는 사물함에 쑤셔 박히는 걸 너도 봤지?

예전에 비싼 브랜드 손가방을 몹시 갖고 싶어 하는 소녀가 있었어. 다른 소녀들이 모두 그걸 들고 다니는 걸

보고 자기도 갖고 싶었던 거야. 그렇지만 그 아이 엄마는 그렇게 비싼 가방은 절대 사 주려 하지 않았어. 그래서 소녀는 엄마에게 동생을 돌봐 주고 심부름할 테니 용돈을 달라고 말씀드렸지. 엄마는 알겠다고 하셨고 소녀는 몇 달 동안 열심히 일해서 돈을 모아 마침내 그 가방을 샀어. 내가 그 가방을 좀 구경하자고 했더니 집에 두었다고 하더라. 놀라서 이유를 물었더니 이러는 거야. "농담하시는 거예요? 그게 얼마짜린데 들고 다녀요? 누가 훔쳐 가기라도 하면 어떡해요? 점심 먹다가 국물을 흘릴 수도 있잖아요." 헐!

그런데 소녀의 말에도 새겨들을 점은 있어. 휴대폰이나 자전거같이 비싼 물건은 도둑을 끌어당기는 자석이 될 수 있다는 거야. 값싼 물건을 잃어버리면 잠깐 속상하고 말지만 비싼 물건을 잃어버리면 몹시 속이 탈 걸.

그리고 넌 네가 사 달라는 물건이 '정말로' 갖고 싶은 거라고 자신할 수 있니? 때로는 실제로 필요하지도 않은데 텔레비전 광고에 나온 걸 보고 갖고 싶어지기도 하거든. 어렸을 때 나도 토요일 아침에 방송되는 만화에서(지금은 만화만 방송하는 케이블 TV가 있어서 하루 종일 만화를 볼 수 있더구나.) 광고하는 장난감을 전부 갖고 싶었지. 그렇지만 정말로 갖고 싶었던 건 아니었어. 텔레비전에 너무 근사하게 나오니까 갖고 싶다고 생각했던 것뿐이야.

사실 막상 돈을 주고 사 보면 광고랑 너무 달랐어. 광고에서는 탱크나 군함이나 전투기의 축소 모형에서 불과 연기가 나왔지만 실제로 사 보면 불도 연기도 나오지 않았거든. 심지어 색칠조차 제대로 안 된 모형도 있었다니까! 그때 사람들이 물건을 팔려고 하는 말이 실제 물건과 항상 똑같지는 않다는 걸 깨달았지.

"다들 산다고 내가 사 줄 줄 알아? 절대 안 돼!"라는 말씀은 마음을 가라앉히고 그 물건이 네 삶에 어떤 영향을 미칠지 생각해 보라는 거야. 광고에서는 새롭고 멋지고 신기한 물건이 네 삶을 더 편하고 재미있게 해 줄 거라고 선전할지 모르지만, 그 물건이 네게 정말로 도움이 될지 판단하는 건 부모님 몫이거든.

네가 원하는 걸 부모님이 다 사 주시지 않는 진짜 이유는 따로 있어. 네게 너다운 사람이 되라고 가르치시기 위해서야. 네 나이 때는 또래 아이들과 똑같이 되어야 한다고 생각하기 쉬우니까. 그런 생각은 광고를 보고 할 수도 있고 친구들이랑 어울리고 싶다는 마음에서 할 수도 있어. 그렇지만 너의 진정한 모습은 그런 물건들이 아니라 재능이나 개성처럼 오직 너에게만 있는 것들에서 드러나는 거야. 너를 너답게 해 주고 네가 얼마나 특별한지 보여 주는 것들이지.

모두에게 있는 것보다는 다른 사람들에게 없는 것을 갖는 게 더 특별해 보이지 않을까? 사실 다른 사람들에게 없는 것을 가진 사람들에게서 새로운 유행이 대부분 시작되잖아. 그들은 남들과 다르게 입을 용기가 있는 사람들이야. 전에는 아무도 멋지다고 생각하지 않던 것을 아주 멋지다고 생각할 용기가 있는 사람들이지. 너도 남들과 같아지려 하지 말고 너다운 사람이 되려고 한다면 유행을 만드는 사람이 될 수 있을 거야.

18

 어렸을 때 나는 〈톰과 제리〉라는 만화 영화에 나오는 제리를 무척 좋아했어. 제리는 자그맣고 귀여운 생쥐면서도 항상 커다란 고양이 톰을 골탕먹였거든. 톰은 제리에게 매번 속아 문틈에 발이 끼거나 낭떠러지에서 떨어지거나 공중에서 날아오는 바윗덩어리를 맞아. 만화니까 그래도 절대 죽지 않지만, 참 많이도 불에 타고 찌부러지고 납작해지지.

 톰이 된통 당할 때면 나는 그 만화가 세상에서 제일 재미있다고 생각했어. 그런데 지금은 그 만화에서 나쁜 점도 배운 것 같다고 생각해. 다른 사람이 창피해하거나 궂은일을 당하는 걸 보고 마음껏 비웃는 것 말이야.

가끔은 웃어도 되는지 안 되는지를 판단하기 어려운 때가 있지. 친구가 생크림 케이크를 뒤집어쓴 걸 보면 웃어도 괜찮아. 카스텔라 빵에 맞았을 때도 웃을 수 있다고 봐. 크림이나 부드러운 빵은 보통 위험하지 않으니까(하긴 30분 만에 케이크 하나를 다 먹었을 땐 위험할 수도 있겠구나. 그렇게 먹었다간 된통 고생하거든). 그렇지만 쿠키에 맞은 친구를 보고 웃는 건 문제가 있는 것 같아. 쿠키는 딱딱해

서 눈에 맞으면 상처가 날 수도 있으니까.

사실 케이크의 크림을 던지고 맞는 건 재미있어. 그걸 맞은 친구가 좀 창피해하더라도 웃어넘겨도 괜찮은 것 같아. 그런데 친구가 누군가에게 놀림당한다면 놀리는 사람을 말려야 돼. 친구가 아니더라도 누군가 놀림을 받거나 모욕당하거나 밀려 넘어지거나 물건에 맞거나 상처를 입는다면 넌 그 사람 편을 들어 줘야 해. 왜냐고? 듣긴 싫지만 중요한 부모님의 말씀 때문이지. "누가 너한테 그렇게 하면 좋겠니?"

어떤 일을 당하는 사람의 기분을 상상할 수 있는 능력을 '동정심'이라고 해. 앞에 '할머니, 할아버지가 알아들으시게 큰 소리로 말씀드리렴!'에서 '동정심'이 무엇인지에 대해 읽은 게 생각나지? 동정심 있는 사람이 되려면 누군가 비참하고 싫은 기분이 들지 않게 도와야 해. 그런데 그런 일은 정말 많아.

운동을 못해서 체육 시간에 어떤 팀에서도 받아 주지 않는 아이가 있다면, 그 아이는 정말 끔찍한 기분이 들 거야. 네게 동정심이 있다면 그 애를 제일 먼저 네 팀에 넣어 주려고 할 거야. 그럼 그 앤 정말 감동할 걸.

어떤 애들은 유행하는 옷을 입지 않았다는 이유로 놀림당하기도 해. 그렇지만 네게 동정심이 있다면, 어떤 사람을 판단할 때 옷이 아니라 마음이 중요하다는 걸 알지. 그래서 그런 애를 보면 세련돼 보이진 않아도 착해 보인다고 말해 줄 거야.

배우는 게 느리다고 놀림당하는 애들도 있어. 네게 동정심이 있다면, 넌 반 아이들에게 그 애가 공부하는 걸 도와주자고 말할 거야.

네게 동정심이 있다면, '곰탱이'니 '맹추'니 '등신'이니 '느림보'니 '돼지'니 하며 놀림 받는 아이들의 아픔을 느낄 거야. 그리고 정말 동정심이 있다면, 그런 말은 아예 입에 담지도 않을 거야. 나쁜 별명을 듣는 것이 세상에서 제일 기분 나쁜 일이라는 걸 너도 알 테니까.

네가 힘들 때면, 사람들이 와서 힘을 북돋아주길 바라지 않겠니? 애완동물이 죽어서 슬퍼하는 아이를 보고 참

안됐다고 말해 준다면 그 애에게 힘이 될 거야. 혼자 앉아 있는 아이를 보고 너와 네 친구들과 함께 앉으라고 말할 수도 있을 거야. 학교는 동정심을 기르기에 정말 좋은 곳이지.

사실 동정심은 별다른 게 아니야. 다른 사람들이 느끼는 것을 느끼는 것뿐이지. 네게 동정심이 있으면 네 삶뿐만 아니라 다른 아이들의 삶도 바뀌어. 동정심 때문에 우리는 이기적인 사람이 되지 않고 자기 자신만 생각하는 버릇을 고치고 친절하고 착하게 행동하게 돼. 다른 사람들의 고통을 느낄 수 있게 되면 운동이나 비디오 게임을 하거나 음악을 듣고 쇼핑하며 시간을 보내는 것 말고도 아주 많은 일을 하고 싶어져 스스로 놀랄 걸.

"누가 너한테 그렇게 하면 좋겠니?"는 사람들에게 동정심을 불러일으키는 질문이야. 그 질문 덕분에 많은 사람들이 가난하고 굶주린 사람들에게 먹을 것을 나눠 주는 봉사 활동을 하게 되는 거야. 다른 사람들의 아픔을 느낄 수 있을 때, 비로소 너도 세상을 바꾸는 일에 함께

할 수 있어.

　인도에는 가난한 사람들을 도운 위대한 분이 계셨어. 바로 마더 데레사 수녀님이야. 수녀님은 언젠가 이렇게 말씀하셨단다. "우리는 큰 일만 하려고 사는 건 아닙니다. 작은 일을 큰 사랑으로 하기 위해 사는 것입니다." 넌 작은 일을 큰 사랑으로 할 수 있고 세상을 바꿀 수 있어. 그런 큰 일이 단지 바지에 뜨거운 국물을 흘린 아이를 보고 웃지 않거나 친구가 없는 아이에게 함께 점심을 먹자고 하는 친절에서 시작된다는 걸 믿기 어렵겠지. 그렇지만 동정심은 바로 그런 행동에서 자라나는 거야. 한 사람을 도와주는 일이 커져서 세상을 바꾼다고 할 수 있어.

　동정심은 부모님이 네게 가르치실 수 있는 가장 크고 좋은 교훈이지만, 배우기에 가장 어려운 교훈이기도 해. 그러니까 오늘부터 동정심을 배우는 게 좋아! 1분도 그냥 낭비해선 안 돼. 진심으로 하는 말이야.

　오늘도 제리가 톰을 골탕먹이네. 어서 도망가!

19

    오늘 처음 만난 사람이 좋은 사람인지 아닌지 제대로 아는 건 불가능해. 착한 사람처럼 행동하지만 사실은 정말 못된 사람들이 가끔 있거든. 그래서 누군가가 정말 좋은 사람인지 아닌지 알아볼 방법이 필요한데, 내가 하나 알려 줄게. 동물에게 못되게 구는 사람은 사람에게도 못되게 굴어. 그러니까 그런 사람과는 친해지지 않는 게 좋아. 동물을 괴롭히면서 사람들에게는 친절한 사람이 있을지도 모르지만, 나는 그런 사람을 만나 본 적이 없어. 이 시험 방법은 틀린 적이 거의 없어.

어떤 아이들은 고양이의 꼬리를 잡아당기거나 손가락으로 개의 눈을 찌르거나 다람쥐에게 돌을 던지는 등 동물을 괴롭히지. 그런 행동이 멋지거나 재미있다고 생각하는 거야. 그 애들은 그냥 재미로 그런다고 하지만 사실 그건 잔인한 짓이야.

고양이가 비명을 지르며 2미터나 튀어 오르는 모습을 보려고 고양이의 꼬리를 잡아당기는 걸 부모님이 보신다면, 분명 엄한 목소리로 꾸짖으실 걸. "고양이 꼬리를 왜 잡아당기는 거니!" 아니면 앞 장의 질문인 "누가 너한테 그렇게 하면 좋겠니?"와 비슷하게 "누가 네 꼬리를 잡아당기면 좋겠니?" 하고 물으실 수도 있어. 물론 네겐 꼬리가 없으니까 말이 안 되는 질문이겠지(그런데 혹시 너 꼬리가 있는 건 아냐?).

애완동물이 주인에게 맞거나 밥을 못 얻어먹는 등 괴롭힘을 당하면 집 밖으로 달아나거나 사나워질 수 있어. 운이 좋으면 동물 보호소에서 보호를 받다가 다시는 애완동물을 괴롭히지 않을 가족에게 입양되겠지. 괴롭힘을 당한 동물을 보호하는 동네 동물 보호소를 도와줄 방법을 네가 알고 싶어 할지도 모르겠구나.

　우리 집 근처의 큰 동물 보호소에는 고양이와 개를 넣는 철망 상자가 가득한 버스가 두 대나 있어. 버스 옆면에는 동물을 무척 사랑한 만화가 패트릭 맥도넬의 그림이 있지. 만화에서 한 고양이는 이런 생각을 해. "모르는 사람의 친절한 손길을 기다리며……. 우리 속에 혼자 있는 게 어떤 기분인지 난 알아……. 삶이 지금과 달라지기를 기다리고…… 또 기다리고…… 바라고…… 기도하지. 넌 더 많은 걸 할 수 있어. 더 훌륭한 사람이 될 수 있

어. 꿈을 잃지 마. 언젠가 그 꿈을 위해 누군가와 함께 노력할 수 있기를 기도하는 거야." 보호소의 버스들은 근처 동네를 찾아가지. 집 주변에 동물 보호소가 없는 사람들에게 입양할 수 있는 동물을 직접 보여 줘서 동물들이 안락한 새 집을 찾을 수 있게 하는 거야.

우리는 동물을 조그마한 털북숭이 사람인 것처럼 대해야 하고(물론 도마뱀이나 뱀은 비늘에 덮인 작은 사람으로 대해야겠지), 사람은 털이 없는 동물로 대해야 해. 살아 있는 것의 꼬리를 당기거나 기분을 상하게 해선 안 돼. 딱 하나 예외는 네가 어두운 방 안에서 걷다가 실수로 고양이 꼬리를 밟을 때뿐이야(실수라 해도 고양이의 기분이 그리 좋진 않겠지만).

왜 동물에게 친절해야 하는 걸까? 그건 친절한 게 동물에게만 좋은 것이 아니라 네게도 좋기 때문이야. 동물들에게 잔인하게 군다는 건 흰 셔츠에 붉은 물감을 떨어뜨리는 것과 같아. 물감은 보통 잘 지워지지 않아. 얼룩이 남고 셔츠를 못 입게 되지. 잔인함은 너의 가장 좋은 모습에 묻은 얼룩이야. 네 삶에 그 얼룩이 묻으면 그걸 지우기는 힘들어.

　잔인함은 감기 걸리듯 어느 날 갑자기 오는 게 아니야. 정말로 착한 사람이 하룻밤 사이에 잔인해지진 않아. 착한 사람이든 나쁜 사람이든 한 걸음 한 걸음, 하루하루 그렇게 되어 가다 어느 날 정말 착하거나 나쁘게 되는 거야.

　연약한 동물을 괴롭히는 아이들은 약한 아이들도 쉽게 괴롭혀. 그러니 고양이 꼬리를 잡아당기지 마. 꼬리를 놓아 주고 착한 마음이 생기도록 가만히 기다려. 그러면 부모님이 네게 고마워하실 거야. 물론 고양이도!

20

> 내 말을 한 귀로 듣고
> 한 귀로 흘리니?

　만약 의사가 너의 뇌를 촬영해서 부모님께 보여 드린다면, 가끔 부모님은 사진이 믿기지 않는다고 하실 걸. 그 사진을 보면 두개골 안에 말랑말랑한 회색 덩어리가 있는데, 바로 '뇌'라는 거야. 요새 네 행동거지를 지켜보신 부모님은 의사에게 이렇게 말씀하시겠지. "저기요, 우리 애 뇌 사진을 찍어 주셔서 고맙긴 하지만, 우리 애한테 뇌가 정말로 있다는 게 믿기지가 않아요. 오늘만 해도 애한테 뭘 하라고 다섯 번이나 말했는데 꿈쩍도 안 했어요. 이 아이 머릿속에 정말 뇌가 있다면, 내 말을 한 귀로 듣고 한 귀로 흘리지는 않을 텐데요."

물론 부모님, 선생님, 할머니, 할아버지, 강사, 버스 운전사, 학급 반장, 체육 선생님, 삼촌, 이모, 교통 도우미가 하는 말을 전부 귀담아듣는 일이 어렵다는 건 나도 알아. '이거 해라, 저거 해라.' 하고 지시하는 사람이 주위에 너무 많아서 그 사람들 말을 전부 이해하기가 거의 불가능하지? 사실 하라는 일 자체도 이해하기가 힘들잖아? 그렇지만 네가 아직 어린아이인 동안은 그런 상황은 절대로 바뀌지 않을 거라고 말할 수밖에 없구나. 그래, 나

쁜 소식이야. 그렇지만 좋은 소식도 있어. 바로 그 사람들이 모두 널 돕고 싶어 한다는 거야! 이게 무슨 말인지 설명해 볼게.

어린아이들은 한 가지 규칙을 지켜야 하는데, 바로 거의 모든 사람의 말을 귀담아듣고 그들이 시킨 것 가운데 중요한 것은 바로 해야 한다는 거야. 그런데 어떤 것이 중요한지 결정하는 걸 도와주시는 분이 바로 부모님이야. 그러니까 부모님이 "내가 방금 한 말을 한 귀로 듣고 한 귀로 흘렸니?" 하고 꾸중하시는 건 사실은 네가 어떤 중요한 것을 놓쳤다고 일깨워 주시는 거야.

잘 듣는다는 건 가장 배우기 어려운 기술이야. 귀담아듣느니 차라리 인터넷을 뒤지는 게 더 쉬운 것 같지? 귀담아듣느니 차라리 악어하고 씨름하는 게 더 쉬울 것 같지? 또 귀담아듣느니 63빌딩 꼭대기에 올라가는 게 더 쉬워 보이지? 그렇지만 실제로 무슨 말을 들었을 때, 그 말이 중요한지 별로 중요하지 않은지 아는 건 어려워. 만약 중요한지 아닌지 모르겠으면, 그게 지금 당장 해야 하는 일인지 아니면 할 수 있을 때 하면 되는 일인지 부모님께 여쭤 보면 돼. 아마 부모님은 웃으시면서 그게 어느 쪽에 속하는지 가르쳐 주실 거야.

한번 생각해 봐. 부모님이 몇 번쯤 말씀하셔야 네가 그 일을 하는지 말이야. 그런 다음 부모님은 몇 번이라고 생각하시는지 여쭤 봐. 틀림없이 네가 생각하는 것보다 부모님이 생각하시는 횟수가 많을 거야.

귀담아듣는 것만으로는 충분하지 않아. 행동에 옮기는 것이 중요하지. 네 머릿속에 쓸데없는 회색 덩어리만 가득한 게 아니라는 것을 증명할 길은 그것뿐이야. 병원에서 머리를 촬영했는데 쓸데없는 회색 덩어리뿐만 아니라 너를 돌봐 주는 사람들에 대한 사랑과 존경이 차 있는 모습이 보이면 좋겠지. 그런데 안타깝게도 아직은 두뇌 촬영기가 그 정도로 좋지 못하구나.

리

몸 전체에서 가장 중요한 근육은 뇌야. 다른 근육처럼 뇌도 훈련하지 않으면 약해진단다. 뇌를 튼튼하게 유지하려면 훈련해야 해.

뇌를 훈련하는 방법 몇 가지는 너도 알 거야. 낱말 퀴즈 풀기, 바둑 두기, 수학 문제 풀기, 수수께끼 놀이 하기 등은 모두 잘 알려진 뇌 운동이지. 그런데 '티베트 고지대에 사는 머리 긴 소를 가리키는 두 글자 낱말인 '야크'를 맞히지 않고도 뇌를 훈련할 수 있는 운동들도 있어. "머리는 멋으로 달고 다니니?" 하고 부모님이 편잔을 주실 때 부모님이 진짜 바라시는 것은 네가 바로 그런 운동을 했으면 하시는 거야.

어른들이 "머리는 멋으로 달고 다니니?" 하고 말씀하시는 것은 네가 멍청하다는 뜻이 아니야. 네가 두뇌 쓰기를 게을리한다는 점을 지적하시는 것뿐이지. 두뇌 쓰기를 게을리하는 사람과 멍청한 사람은 달라. 두뇌 쓰는 데 게으른 사람은 머리는 좋은데 가끔 자신이 하는 일에 대해 생각하는 걸 잊어버리지. 그러니까 어른들이 "머리는 멋으로 달고 다니니?" 하고 말씀하실 때 어른들은 네가 머리를(더 정확히 말하면, 머릿속의 뇌를) 써서 좀 더 생각하기를 바라시는 거야.

물론 넌 항상 생각할 거야. 점심 먹으려면 얼마나 남았는지, 무슨 음악을 들을지, 누가 누구에게 뭐라고 말했는지, "그렇게 입고 어딜 나가!"라는 말을 부모님께 듣지 않을 수 있는 치마 길이는 어느 정도일지, 집에 와서 누구랑 컴퓨터 메신저를 할지, 초콜릿으로 만든 거면 뭐든 먹고 싶은 마음이 얼마나 간절한지……. 그렇지만 머리를 멋으로 달고 다니지 않으려면 그런 생각들 말고 네 뇌를 단련해야 해. 나중에 큰 문제도 해결할 수 있도록 작은 문제부터 해결하도록 말이야.

변기에서 토스터까지, 게임기에서 컴퓨터까지, 병따개에서 자동차까지 우리가 사용하는 모든 것은 모두 머리를 멋으로 달고 다니지 않고 제대로 쓴 사람들이 만든 거야. 이제 뇌를 단련해서 머리를 멋으로 달고 다니지 않고 더 잘 쓸 방법을 찾을 때야.

옛날에는 사람들이 지구가 평평하다고 생각했어. 그런데 머리를 멋으로 달고 다니지 않고 잘 쓴 사람들이 나타나 지구가 둥글다는 사실을 알아냈지. 옛날에 서양에서는 기침하거나 감기에 걸린 환자의 가슴에 거머리를 붙여서 피를 빨려야 한다고 생각했어. 그렇지만 의사들이 감기에 걸린 환자는 그냥 침대에 누워 텔레비전이나 보면서 우유와 맛있는 과자나 먹고 쉬면 저절로 낫는다는 걸 알아냈지. 거머리는 연못에서나 놀면 되는 거야.

세상이 옛날보다 나아진 것은 오랫동안 많은 사람들

이 머리를 멋으로 달고 다니지 않고 제대로 쓴 덕분이야. 그렇지만 이 세상에는 아직도 그런 사람들이 필요해. 암처럼 아직 완전히 치료할 방법을 찾지 못한 병이 굉장히 많고 이것들을 낫게 할 사람이 필요하니까. 공기를 오염시키지 않고도 엔진을 돌릴 수 있는 연료를 만들어 내고, 우리에게 해로운 화학 물질이 섞이지 않은 음식을 만들 사람도 필요하고.

무엇보다도 세상에 머리를 제대로 쓰는 사람들이 필요한 건 빨래만 하면 양말 한 짝이 세탁기에서 사라져서

다시는 찾을 수 없는 이유를 밝혀 내야 하기 때문이지. 여자 화장실 앞에서 차례를 오랫동안 기다리지 않아도 되는 방법과 살찌지 않는 햄버거 만드는 방법도 알아내야 해. 우리 삶에는 그런 것 말고도 아직 답을 찾지 못한 문제가 많아. 그래서 세상은 네가 두뇌를 잘 훈련시켜 그런 문제를 푸는 데 도움이 되길 바라지.

그러니까 당장 생각하는 걸 시작하렴. 뇌가 활기차고 튼튼해지도록 훈련해! 그리고 부모님이 두뇌를 게을리 쓴다고 잔소리하시더라도 널 나쁘게 보고 혼내시려는 게 아니라는 걸 잊지 마. 부모님은 그저 세상이 네가 큰일을 하기 기다린다고 말씀하시는 것뿐이니까.

22

가위 들고
뛰어다니지 마라!

달리는 건 좋은 거야. 달리면 기분이 좋아지고 걸을 때보다 가고 싶은 곳에 훨씬 빨리 갈 수 있지(물론 엄마나 아빠가 차로 태워 줄 때만큼 빠르지는 않겠지만 말이야). 가위도 좋은 점이 많아. 가위를 사용하면 신문이나 잡지에서 네가 가장 좋아하는 연예인의 사진을 깨끗이 오려 낼 수 있어. 가위를 사용하면 연예인 사진을 찢다가 실수로 중요한 다른 기사를 찢어서 부모님께 혼나지 않아도 되고. 그렇지만 가위를 들고 뛰어다니는 건 좋지 않아. 그러다 넘어지기라도 하면 크게 다칠 수 있거든.

부모님이 "가위 들고 뛰어다니지 마라!" 하고 말씀하시는 것은 네게 괜히 겁주시려는 게 아니야. 가위가 위험한 물건이라는 걸 깨우쳐 주시려는 거지. 물론 내가 말하는 가위는 유치원에서 나누어 주는 뭉툭한 가위가 아니야. 손잡이는 플라스틱이고 끝은 뭉툭해서 종이 자르기도 힘든 가위 말이야. 그런 가위로 콧구멍을 쑤시지 않는 한 위험하지 않아(그렇다고 정말 콧구멍을 쑤셔 본다면 다른 문제가 생겨. 그럼 너는 진짜 바보인 거야).

네가 쓰는 물건이 다 위험한 것은 아니야. 그러니까 네가 만지는 모든 걸 두려워하며 살 필요는 없어. 책가방은 위험하지 않아. 그렇지만 책가방 안에 물건을 가득 채우면 등이 아플 수는 있겠다. 휴대폰도 위험하진 않아. 그런데 어떤 사람들은 휴대폰에서 나쁜 기운이 나온다고 하더라. MP3 플레이어도 위험하지 않아. 그래도 소리를 너무 크게 틀면 고막이 다칠 수는 있지. 그래. 어렸을 때 욕조에서 갖고 놀던 노란 고무 오리 장난감이면 몰라도 조금이라도 위험하지 않은 것은 없어.

불꽃놀이를 하다가 다치는 아이들이 해마다 있더라. 바퀴가 네 개 달린 작은 오토바이를 타고 다니거나 장난감 총을 만지다가 다치는 아이들도 있고. 그런 물건이 위험하다는 걸 몰라서 다친 게 아니야. 알면서도 계속 그러다가 다친 거지.

  "가위 들고 뛰어다니지 마라!"는 우리가 매일 쓰는 물건들도 아주 위험할 수 있다는 걸 어려서부터 알아야 한다고 가르쳐 주는 경고야. 그 물건들을 안전하게 쓸지 말지는 네가 결정해야 해. 너는 인터넷으로 세계 곳곳에 가서 처음 보는 멋진 사람들과 장소를 볼 수 있지만, 반대로 채팅 방에서 아이인 척해서 꾀는 나쁜 어른을 만날 수도 있어. 세상에는 이런 위험한 가위들이 셀 수 없이 많아. 그렇다고 부모님이 너를 따라다니시면서 하나하나 조심하라고 알려 주실 수는 없잖니. 그러니까 이것만 기억해. 노란 고무 오리 장난감이 아니면 무엇이든지 조심!

  위험한 물건을 조심하라는 교훈은 어렸을 때 배우지만 사실은 어른이 된 다음에 더 많이 써먹어야 해. 그러니 이제부턴 아빠나 엄마가 차를 너무 빠르게 운전하시면 "가위 들고 뛰어다니지 마세요!" 하고 말씀드리렴. 운전하시면서 휴대폰으로 통화하시거나 가스레인지 불꽃을 너무 크게 켜실 때도 마찬가지고. 부모님이 네게 듣기는 싫지만 좋은 것들을 말씀하시니까 너도 부모님께 그런 것들을 말씀드릴 수 있지 않겠니?

23

> 그렇게 장난치다 다쳐야 정신 차릴래?

 부모님이 널 '뻥쟁이'라고 놀리시지? 네가 별것도 아닌 일로 맨날 호들갑 떤다고 말이야. 넘어져서 무릎이 조금 벗겨지면 눈이 퉁퉁 붓게 울잖아? 병원에 가서 주사라도 맞게 되면 아예 기절초풍하고 말이야. 당장 가고 싶은 곳에 부모님이 데려다 주시지 않는다고 억울한 사람처럼 소리를 지르기도 하지.

 그런데 가끔은 부모님이 뻥쟁이라고 여겨질 때가 있을 거야. 난 어렸을 때 여동생 둘과 남동생 하나랑 베개 싸움을 참 많이 했어. 엄마가 우리를 혼내러 오셔야 신나는 베개 싸움이 겨우 끝났지. 엄마는 방문을 벌컥 여시며 당장 그만두지 못하느냐고 소리치시며 이렇게 말씀하셨어. "그렇게 장난치다 다쳐야 정신 차릴래?" 어때? 이 정도면 뺑쟁이 아냐?

그 말을 처음 들었을 때 우리는 그게 무슨 뜻인지 생각하느라 잠시 서 있었어. '지퍼도 달리지 않은 베개로 장난 좀 친다고 누가 다칠까?'라고 생각한 거야(사실 지퍼 달린 베개도 그리 위험하진 않아). 우리 모두 배꼽을 잡고 깔깔거리며

웃었지. 어떻게 엄마는 베개 싸움으로 누가 다칠 수 있다고 생각하신 거지? 엄마 머리가 이상한 거 아냐?

세월이 흘러 내 딸은 내가 옛날 우리 엄마처럼 말도 안 되는 소리를 한다며 내게 핀잔을 줬어. 그러고는 배꼽을 잡고 웃었지. 바로 그날 나는 깨달았어. 옛날에 엄마가 하신 말씀이 어쩌면 베개 싸움 말리는 것보다 더 중요한 뜻을 품고 있을지 모른다는 사실을 말이야.

어린애들은 대개 무엇이 재미있는지 알아내는 데만 정신없어. 부모님들은 어떤 일이 위험한지 알아내는 데 정신이 없고. 두 가지 모두 중요해. 그런데 아이들은 재미있어 보이는 것을 하다가 다치지. 그건 자기가 하는 일이 위험할 수도 있다는 걸 생각하지 않기 때문이야. 수영장이나 호수나 바다에서 다이빙하는 건 재미있지만, 그 물의 깊이를 모른다면 머리가 깨지거나 목이 부러질 수 있어. 자전거 타는 것은 재미있지만 도로를 건널 때 양쪽을 살피지 않거나 헬멧을 쓰지 않으면 부딪치거나 넘어졌을 때 머리를 다칠 수도 있어.

부모님께서 "그렇게 장난치다 다쳐야 정신 차릴래?" 하고 말도 안 될 거 같은 말씀을 하시는 건 재미있는 일이 위험할 수도 있다는 걸 알려 주시려는 거야. 네가 재미있게 노는 게 싫어서 그러시는 게 아니야. 재미있게 노는 것도 좋지만 혹시 숨어 있을지도 모르는 위험도 생각했으면 해서 그러시는 거라고.

안전하고 똑똑하고 재밌게 놀면서 자라면 살면서 만나는 위험에 대처할 줄 알게 돼. 어떤 일이 얼마나 위험한지 아는 것은 반드시 배워야 할 지혜야. 똑똑한 사람들도 다치거나 돈이나 친구를 잃을 수 있어. 그건 그들이 어떤 것이 안전하고 위험한지 알아내는 법을 배우지 않았기 때문이야.

네가 더 크면 더 새롭고 많은 위험이 생기지. 재미로 술을 마시는 아이들은 법을 어길 뿐만 아니라 자신을 위험에 빠뜨리는 거야. 술 취한 사람들끼리 싸우거나 음주 운전을 하면 다치는 것보다 더 큰 일이 생길 수 있어. 바로 목숨을 잃는 거야. 담배도 마찬가지야. 어떤 사람들은 담배를 피우면 기분이 좋아진다고 하지만 건강은 나빠질 수 있어.

다행인 건 말이지, 위험을 알아내는 방법을 배우기만 하면 매일매일이 아주 즐거운 베개 싸움이 된다는 거야. 딱딱한 지퍼도 없는 베개라서 다치는 사람도 없는 재밌는 베개 싸움!

24

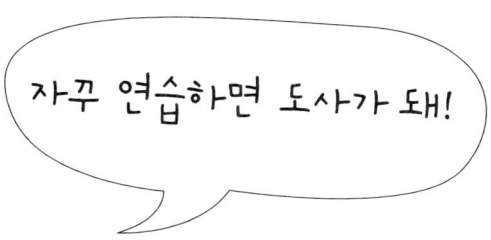

 "자꾸 연습하면 도사가 돼."는 완전히 틀린 말이야! 부모님이나 선생님, 운동 강사는 그 말을 입에 달고 사실 걸. 네가 산수 문제를 풀지 못하고 끙끙거릴 때도 그렇게 말씀하셔. 그리고 네가 영어를 배울 때 "버스 정류장이 어디에 있는지 알려 주시겠어요?"라고 말하는 대신 "이 계란말이 좀 제 귀에 붙여 주시겠어요?"라고 엉뚱하게 말할 때도 그렇지. 무얼 배워야 하는데 얼른 배우지 못하고 헤매면 어김없이 "자꾸 연습하면 도사가 돼."라는 말을 또 듣게 될 거야.

어른들은 네가 더 잘하도록 격려한다고 생각하시지. 그런 말을 해 주면 네가 힘이 나서 더 잘하게 되고, 더 나은 사람이 되고, 더 잘 생각하고, 양치질을 더 잘하게 될 거라고 생각하시는 거야. 그럴지도 몰라. 그래도 '도사'가 되진 못할 거야.

예전에 나는 미국의 유명한 농구 선수인 마이클 조던의 농구 경기를 즐겨 보았어. 조던은 거의 '도사'였어. 그런데 내가 아무리 열심히 농구를 연습해도 '도사'가 되기는 불가능해. 사실 내가 아무리 열심히 농구를 연습해도 아주 잘하는 것도 불가능하다고 말해야 맞을 거야. 나는 농구에 꽝이거든. 그래서 잠도 자지 않고 밥도 먹지 않고 거품을 물고 쓰러질 때까지 연습만 하더라도 잘할 수는 없을 거야. 열심히 연습하면 더 잘할 수는 있겠지만, 조던처럼 완벽한 농구 선수가 될 수는 없어.

그러니까 어른들은 이렇게 말씀하셔야 해. "자꾸 연습하면 완벽하진 않아도 더 나아질 수 있다." 그런데 이거 알아? "연습하면 나아질 수 있다."는 말도 늘 맞지는 않는다는 것 말이야. 제대로 하는 게 어떤 것인지 보여 주는 좋은 선생님이나 좋은 강사가 없으면 연습해도 이전의 잘못을 계속 되풀이하게 될 걸. 그러니까 어른들의 말씀은 이렇게 바뀌어야 할지 몰라. "좋은 선생님이나 강사의 가르침을 받아 자꾸 연습하면 더 나아질 수 있다."

그렇지만 그 말 역시 늘 맞진 않아. 열심히 연습하더라도 네 마음이나 몸에 맞는 운동이나 일이 아니라면 아무리 좋은 선생님이나 운동 강사에게 배워서 아무리 열

심히 연습하더라도 별로 좋은 성과를 거두지 못하니까. 운동 신경이 둔해서 손과 발이 네 뜻대로 척척 움직이지 않는다면 아무리 연습해도 재주넘기는 할 수 없을 거야.

그러니까 이제 어른들은 이렇게 말씀하셔야 할지 몰라. "좋은 선생님이나 강사에게 배워서 열심히 연습하면, 그리고 네가 하려는 것이 네 적성과 재능에 맞으면 더 나아질 수 있다." 그렇지만 말이 너무 길고 듣는 사람의 의욕도 꺾어 놓는 것 같지? 연습해야 하는 진정한 이유도 설명해 주지 못하지? 아주 간단하고 좋은 건데 말이야. 내 생각엔 저 말은 이렇게 고쳐야 될 것 같아. "연습하면 자신의 소질을 최고로 발휘할 수 있다."

사실 완벽해지는 건 불가능해. 물건이라도 완벽할 수 없지. 완전한 동그라미나 완전한 기계도 없는데 물건보다 훨씬 더 복잡한 인간이 어떻게 완벽할 수 있겠니? 완벽해지는 것은 불가능하지만 자기 소질을 최고로 발휘하는 건 그렇지 않아. 소질을 최고로 발휘하려면 연습하고 좋은 충고를 받아들여야 해. 그리고 네가 정말 좋아하는 걸 하고 네게 어떤 재능이 있는지 알아야 해.

    그러니까 다음번에 어떤 어른이 "자꾸 연습하면 도사가 돼." 하고 말씀하시면 그렇지 않을 수도 있다고 그분에게 예의 바르게 말씀드려 봐. 그게 내 충고야. 그 밖에 더 할 말이 없다. 이제 나도 영어 공부하러 가야겠구나. 발등에 불이 떨어졌거든.

25

　네 엉덩이가 크다면 이 말이 기분 나쁘게 들릴지도 모르겠다. 그런데 요즘 사람들 엉덩이가 커진 건 사실이야. 의사 선생님들은 모두 비만이 큰 문제라고 말씀하시지. 비만이 뭔지 알지? 병을 일으킬 정도로 몸무게가 많이 나가는 것 말이야. 비만은 암 같은 무서운 병만큼 건강에 해로워. 네가 소파에 비스듬히 누워서 과자를 먹으며 텔레비전을 보거나 집에서 빈둥거리는 걸 보시고 부모님이 "왜 그리 엉덩이가 무거워?" 하고 소리를 지르시는 것도 네가 그러다 비만에 걸릴까 봐 걱정하셔서야.

내가 어렸을 때는 텔레비전이나 컴퓨터, 휴대폰, 비디오, MP3 등이 없었어. 놀고 싶으면 밖으로 나가 공놀이하거나 자전거를 타거나 숨바꼭질했지. 그땐 몰랐지만 지금 생각해 보면 그 모든 놀이가 운동이 되어 내가 건강했던 거야.

요새 아이들은 놀고 싶으면 그저 손가락 한두 개만 까닥거리면 되지. 비디오 게임을 하거나 친구들과 메신저를 하거나 인터넷을 할 수 있고, 수많은 채널을 돌려 가며 텔레비전을 보거나 휴대폰으로 사진을 찍을 수 있으니까. 심지어 그 모든 것을 동시에 할 수도 있지. 군것질로 먹는 과자나 마시는 음료수의 종류도 정말 많아. 그렇지만 이 모든 것은 우리 몸에 심각한 해를 끼칠 수 있어. 우리를 아프게 하거나 살찌게 하거나 아니면 두 가지 다 겪게 하거든.

부모님이 "왜 그리 엉덩이가 무거워?" 하고 말씀하시는 건 바로 무얼 하라는 말씀이 아니야. 네가 게으르다고 나무라시는 말로 들릴지 모르지만, 부모님이 정말로 하고 싶은 말씀은 네가 건강할 수 있게 몸을 좀 움직이면 좋겠다는 거야.

살이 쪄서 엉덩이가 풍선만큼 커지는 걸 막는 방법은 소파에서 엉덩이를 떼는 것뿐이야. 동네나 학교에서 걷고, 달리고, 뛰고, 수영하고, 등산하고, 자전거를 타고, 스케이트보드를 타야 해. 적어도 하루에 30분, 일주일에 서너 번은 엉덩이를 움직일 수 있는 재미있는 취미를 찾는 게 좋아. 그러면 엉덩이뿐만 아니라 몸 전체가 건강해질 거야.

어린아이들만 엉덩이가 커지고 뚱뚱해지는 게 아냐.

어른들도 그래! 나도 예전에는 날씬했는데 지금은 살이 너무 쪘어. 컴퓨터 앞에서 계속 자판을 두드리고 어디든 차를 타고 다니면서 먹기도 또 많이 먹지. 엄마, 아빠의 몸무게가 많이 나간다면, 다음에 네가 엉덩이가 무겁다고 잔소리하실 땐 같이 동네 한 바퀴 돌자고 졸라 보렴. 그렇게 걸으면 두 가지 좋은 점이 있지. 운동할 기회가 생겨서 좋고, 잠시나마 엄마, 아빠와 함께 시간을 보낼 수 있어서 좋잖아?

"왜 그리 엉덩이가 무거워?"라는 말은 네 엉덩이의 크기와는 아무 상관이 없지만 네 꿈의 크기와는 관계가 깊지. 우리에게는 누구나 살면서 '어떤 사람이 되고 싶다.'는 꿈이 있어. 그런 꿈들은 우리가 열심히 노력하면 거의 다 이룰 수 있어. 열심히 노력한다는 건 엉덩이를 붙인 채 빈둥거리지 않고 꿈을 이루기 위해 노력한다는 뜻이야.

내겐 수의사가 되어 동물을 돌보고 싶어 했던 친구가 있어. 그 친구는 초등학교를 마친 다음 중학교와 고등학교를 마치고 다시 수의과 대학을 졸업할 때까지 그냥 앉아서 기다리지 않았어. 자전거를 타고 동물 병원에 가서 자원봉사를 했지. 동물 우리를 청소하고 동물을 돌보고 대기실의 잡지를 정리했어. 고등학교에 다니는 동안 계속 동물 병원에서 봉사 활동을 했는데, 수의과 대학에 지원할 때 그 동물 병원 수의사가 이 젊은이가 훌륭한 수의사가 될 거라고 최고의 추천사를 써 주었어. 그 추천사 덕분에 친구는 원하는 수의과 대학에 진학했고 지금은 훌륭한 수의사로 일해. 친구는 엉덩이를 붙인 채 빈둥거리지 않고 자신의 꿈과 관련 있는 무언가를 했기 때문에 꿈을 이룰 수 있었던 거야.

혹시 DNA가 뭔지 아니? DNA는 우리의 유전자를 만드는 물질이고, 우리의 유전자는 우리를 만드는 몸속의 지도 같은 거야. 그런데 DNA의 결합 방식을 알아내어 노벨상을 탄 두 분 중 한 사람을 내가 알거든. 바로 제임스 왓슨 박사야. 박사님이 직접 말씀해 주신 건데, 그분은 열다섯 살 때 화학이 세상에서 가장 중요한 학문이라고 생각하셨대. 그날 이후로 엉덩이를 붙인 채 가만있지 않고 화학에 관해 구할 수 있는 모든 자료를 찾아 읽으셨어(물론 읽을 때야 엉덩이를 붙이고 있었겠지만, 내 말이 무슨 뜻인지 알지?). 곧 사람 몸에서 일어나는 화학 작용에 대해서는 누구보다 잘 알게 되었지.

왓슨 박사는 나중에 프랜시스 크릭이라는 사람과 함께 DNA의 구조를 밝혀냈고, 그 발견으로 세상이 바뀌었어. 인류 역사상 처음으로 우리는 몸이 어떻게 작용하는지, 그리고 우리가 왜 아픈지를 이해할 수 있게 되었어. 그 놀라운 발견도 사실은 제임스 왓슨이 엉덩이를 들고 꿈을 이루려고 준비할 때에 이미 시작되었지. 내가 왓슨 박사에게 왜 그 모든 화학 공부를 하게 되었느냐고 물었더니 이렇게 대답하더구나. "부모님이 엉덩이를 붙인 채 빈둥거리지 말고 뭔가 배우라고 하셔서 그대로 했을 뿐이오."

그러니까 만약 꿈을 찾아 이루고 싶으면, 그리고 세상을 바꾸고 싶으면 지금 당장 시작하렴. 모든 꿈은 네가 소파에서 엉덩이를 떼는 순간 이루어지기 시작하니까.

26

> 툭툭 털고 일어나
> 다시 시작해!

　날뛰는 말에서 떨어진 사람을 위로할 때 쓰는 말 같지? 말에서 떨어졌을 때 제일 좋은 방법은 일어나서 먼지를 툭툭 털고 다시 말에 타는 것이라는 뜻이겠지. 나는 말을 많이 타진 않지만, 많이 타는 사람들의 이야기를 들어 보면 말에서 떨어진 사람에게 이렇게 이야기하는 것이 아주 좋은 충고가 된대. 물론 떨어질 때 어디가 부러졌다면 그렇지 않겠지. 그땐 먼지를 털고 일어나 즉시 병원으로 가야 하니까.

　네가 말을 타지 않는다면 "툭툭 털고 일어나 다시 시

작해!"라는 말이 좀 다른 뜻으로 들릴 거야. 네가 무슨 일에 실패한 다음에 또 실패할까 봐 다시 하려 하지 않을 때 부모님은 그렇게 말씀하시는 거야. 실패해도 포기하지 않고 계속 시도하는 것이야말로 무슨 일을 잘하게 되는 가장 좋은 방법이니까.

어떻게 들으면 이 말도 "자꾸 연습하면 도사가 돼."와 별다를 것 없어 보이지? 그런데 사실은 전혀 달라. '자꾸 연습하면'은 더 잘하게 되는 방법을 가르치는 말이야. '툭

툭 털고 일어나 다시 시작해!'는 잘하지 못하고 실망했을 때 어떻게 할지를 알려 주는 말이야.

'툭툭 털고 일어나 다시 시작해!'는 실패했을 때 어떻게 행동해야 할지를 가르쳐 줘. 우리가 일을 잘못했더라도 인생이라는 말에 다시 올라타는 데 도움이 되는 세 단계를 말하는 거지.

첫 단계는 일어나라는 거야. 먼저 자기 자신을 믿어야만 실망하지 않고 다시 힘을 낼 수 있기 때문이야. 누구나 실수해. 누구나 실패할 수도 있고, 꿈이 클수록 실패할 가능성도 그만큼 커. 넌 실패가 아니라 성공하기로 되어 있는 멋진 사람이라는 것만 잊지 않으면 돼. 아무도 너와 똑같이 태어나거나, 너만이 할 수 있는 특별한 일을 할 수는 없어. 그러니까 다른 사람들이 너를 존중해 주길 바란다면 너부터 너 자신을 사랑해야 하고, 똑바로 일어나서 다시 해 볼 수 있는 네 힘을 믿어야 해.

인생을 더 낫게 변화시키는 둘째 단계는, 먼지를 털어 내라는 거야. 자신에게서 먼지를 털어 내라는 건 지난 일은 잊고 현재와 미래만 생각하는 법을 배우라는 거지. 자, 과거는 잊어버려!

실패를 잊는다는 건 어려운 일이지만 털고 나아가지 않으면 앞으로 잘할 수 있는 일보다는 이미 잘못한 일만 생각하게 될 거야. 그러니까, 잊어버려!

네가 실패한 사람이 아니라는 걸 깨달았으면, 즉 실패를 잊어버렸다면 이제 셋째 단계야. 처음부터 다시 시작하는 거지. 사실은 다시 해 보는 것이 성공하는 것보다 중요해. 한 번만 도전해서는 어려운 일을 이루기 힘들기 때문이야. 그러니까 승자와 패자는 몇 번이고 다시 해 볼 사람인지, 한두 번 해 보고 포기할 사람인지에서 결정되는 거지.

네가 다시 도전하게 할 수 있는 사람은 너 자신밖에 없어. T. S. 엘리엇이라는 시인은 이렇게 썼지. "우리가 할 수 있는 건 노력하는 것뿐이다. 나머지는 우리가 결정할 수 있는 일이 아니다." 시인의 말은, 최선을 다해 노력하면 저절로 성공한다는 뜻이야.

어른이 되면, 삶이 네게 입맞춤하며 네 편을 들기도 하고 널 이리저리 치며 못살게 굴기도 할 거야. 삶이 네게 입맞춤할 때는 감사하게 생각하고 그 입맞춤을 충분히 받지 못한 사람들에게 꼭 나누어 주렴. 그리고 삶이 널 칠 때는 툭툭 털고 일어나 다시 시작해!

27

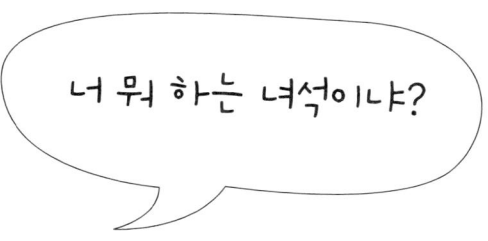

 바보 같은 질문이 정말로 중요할 때가 있어. 그런가 하면 바보 같은 질문이 정말로 바보 같을 때도 있지. "경찰청 창살은 쇠 철창살이냐 철 철창살이냐?" 같은 게 바보 같은 질문인데, 그건 다시 생각해 봐도 마찬가지야. "너 뭐 하는 녀석이냐?"라는 질문도 마찬가지일 것 같지? 너는 당연히 공부하며 자라는 학생이지 뭐겠어. 그런데 얼핏 듣기에는 바보 같은 이 질문이야말로 사실은 중요하고 깊은 뜻이 담긴 질문이야. 넌 이 의미를 모르고 지나칠 수도 있겠지. 부모님의 언어로 되어 있으니까. 이건

네 직업을 묻는 질문이 아니야. 네가 겸손한 사람인지 아닌지를 묻는 거란다.

그래, 쉽게 말해 '겸손'은 다른 사람들보다 자신이 더 낫다고 생각하지 않는 자세를 뜻해. '겸손하다'를 사전에서 찾아보면 '남을 존중하고 자신을 내세우지 않는 태도가 있다.'고 나와.

겸손하면 자신이 할 수 있는 일을 굳이 다른 사람에게 해 달라고는 하지 않을 거야. 시험에서 백 점을 맞았어도 절대 점수를 자랑하지 않아. 겸손의 반대말은 '오만'인데 네가 어떤 사람인지를 설명할 때 이 단어가 절대 쓰이지 않길 바랄 뿐이야.

역사책을 읽어 보면 정말로 위대한 인물들은 겸손했다는 것을 알게 될 거야. 16대 미국 대통령인 에이브러햄 링컨은 가난한 농부의 아들이었는데 대통령이 된 다음에도 여전히 겸손했지. 마하트마 간디는 인도의 독립을 이끌었으면서도 매우 겸손하게 살아서 그가 세상을 떠났을 때 남긴 재산이 거의 없을 정도로 가난했어. 위대함과 겸손함은 늘 같이 다니는 거야.

 나는 골프 중계방송 아나운서가 된 위대한 골프 선수를 알아. 켄 벤투리라는 사람이야. 켄은 큰 시합에서 처음으로 우승했을 때 자신이 매우 자랑스러웠고 우승 소식을 들은 켄의 아버지도 그를 자랑스러워하셨어. 그렇지만 켄이 아버지께 자꾸 자기 자랑을 늘어놓자 아버지는 조용하지만 분명한 목소리로 이렇게 말씀하셨어. "얘야, 네가 그저 좋은 선수일 때는 네가 다른 사람들에게 그 사실을 말하지만 네가 위대한 선수일 때는 다른 사람

들이 네게 그 사실을 말해 준단다." 네가 사람들에게 자신이 위대하다고 말할 때는 오만한 거야. 그런데 사람들이 네가 위대하다고 말할 때까지 기다릴 때는 겸손하다고 하지.

네가 좋아하는 반 친구들을 생각해 봐. 인기 있는 아이들 말고 네가 정말로 좋아하는 아이들 말이야. 장담하는데, 네가 좋아하는 아이들은 자기 자랑이나 늘어놓는 아이들이 아닐 거야. 그 아이들은 분명 겸손할 거야. 네가 인사하기 전에 먼저 네게 인사할 걸. 네가 도와 달라고 부탁하기 전에 먼저 너를 도와주는 아이들일 거야. 켄 벤투리 같은 골프 선수일 때만 겸손한 게 좋은 건 아니야. 네가 무얼 하든, 어디에 있든 언제나 겸손한 게 좋아.

겸손한 사람은, 자신을 있는 그대로 편하게 받아들이고 자신에게 충실해. '자기 자신이 불편한 사람도 있나?' 싶어서 이상하게 들리지? 이 말은 자신이 누구인지 잘 안다는 의미야. 자신이 무엇을 잘하는지 알면서도 떠벌여 자랑하지 않고 자신이 무엇을 잘 못하는지 알고 더 잘

하려고 노력하는 것을 뜻해.

    부모님이 "너 뭐 하는 녀석이냐?" 하고 물으시는 건 실은 왜 너 자신에게 충실하지 않느냐고 물으시는 거야. 어때? 이제 바보 같은 질문처럼 안 느껴지지?

28

　너와 부모님 사이에 가장 큰 차이점을 꼽으라면 부모님은 차를 운전하시는데 너는 못하는 것이라고 생각할지 모르겠다. 사실 가장 큰 차이점은 부모님은 하루하루가 너무 짧다고 생각하시는데, 넌 하루가 너무 길다고 생각하는 거야. "인생이 너무 짧아!"라는 부모님의 말씀이야말로 부모님의 언어에서 제일 알쏭달쏭하지. 그 말을 처음 들었을 때 넌 분명 어리벙벙했겠지. 어렸을 때 나도 그랬으니까. 이제 부모님 말을 아이들 말로 옮겨 볼 테니, 들어 봐.

가끔은 하루하루가 치과에서 충치 치료를 기다릴 때처럼 길게 느껴질 거야. 머리를 쥐어뜯고 싶을 정도로 지루한 수업도 있는데, 그럴 땐 내내 의자에 앉아 종소리가 날 때까지 기다려야 하지. 조금 멀리 떨어져 사는 친구를 만나러 갈 때는 누군가가 널 약속 장소로 데려다 주길 기다려야 하고. 친구를 만난 다음에는 또 누군가 널 데리러 오길 기다려야 해. 어른이 될 때까지 '이거 하지 마라, 저거 하지 마라!' 하는 소리를 귀가 따갑게 듣는데, 매일 아침 거울 속의 자신을 바라볼 때면 어른이 되려면 아직도 멀었다는 것을 알게 되지. 인생을 네 맘대로 살 수 있는 날은 아주아주 먼 듯해.

어느 날 학교를 마치고 집에 왔는데 실수로 집 안에 흙 묻은 발로 들어오거나 실수로 부딪쳐서 비싼 도자기나 장식품(넌 별로 좋아하지 않지만 엄마는 선물 받은 물건이라 애지중지하시지.)을 깨뜨리면 엄마는 잔뜩 화내실 거야. 그러면 엄마가 그런 사소한 실수 때문에 그렇게 화내신다는 사실에 너도 잔뜩 골날 거고. 엄마랑 너는 어느새 서로에게 고래고래 소리치겠지. 바로 이런 때 부모님은 "너하고 이러고 있을 시간 없어. 인생이 너무 짧아!" 하고 소리쳐서 악 쓰기를 끝내시지(넌 엄마가 소리친 말이 무슨 뜻인지도 모른 채 네 방으로 쫓겨 갈 거고).

 엄마의 이 말씀을 아이들 말로 옮기면 대충 이래. "왜 우리가 이러고 있어야 하지? 넌 왜 좀 더 주의 깊고 조심스럽게 행동하지 못하고, 나는 왜 네가 내 화를 돋우려고 일부러 그런 것이 아니라 어쩌다 저지른 실수라는 걸 모르지? 난 너를 정말 사랑하니까 너하고 더는 말싸움할

수 없어. 이건 너무 한심하고 바보 같고, 무엇보다 이럴 시간 있으면 더 좋은 데 쓰겠다. 너하고 싸우고 싶지 않아. 다만 네가 좀 더 차분하고 조심스럽게 행동하길 바랄 뿐이지. 언젠가는 내게 소리 지르고 방에 갇혀 있느라 써버린 시간을 되돌리고 싶어지리라는 걸 깨닫길 바랄 뿐이야. 그렇게 낭비하기엔 인생이 너무 짧아!"

그러니까 위대한 삶을 살기 위해서는, 부모님이나 선생님이나 운동 강사나 친구들 때문에 화나거나 속상할 때면 몇 번이고 자신에게 이렇게 말하렴. "아무것도 아냐, 아무것도 아냐." 대개는 그 말이 맞을 거고, 아무것도 아닌 일이 아닐 때는 네 삶을 사랑으로 가득 채워 주시는 분들이 네가 알아듣게 잘 말씀해 주실 거야. 사소한 일에 흥분하고 신경을 곤두세우기에는 인생이 너무 짧아. 너도 그런 일에 신경 쓰느라 정말로 중요하고 큰 일을 놓치고 싶지 않지?

29

얼굴에 생크림 케이크를 뒤집어써 본 적 있니? 아마 없을 수도 있지만 언젠가 한 번쯤은 경험하게 될 걸. 누군가 네게 생크림 케이크를 던질 테고, 모두 그 모습을 보고 웃을 거야. 그런데 생크림 케이크를 뒤집어쓴 다음에 어떻게 할지는 네 선택에 달려 있어. 그냥 웃어넘길 수도 있고 네 케이크를 상대에게 던질 수도 있어. 가장 좋은 건 웃어넘기는 거지.

웃음은 입에 쓰지 않은 유일한 약이야. 웃음은 네가 흥분하지 않고, 화내거나 당황하거나 질투하지 않도록 도와준다. 무슨 일 때문에 잔뜩 화났을 때 느끼는 나쁜 감정들을 잊는 데도 좋고. 그러니까 어쩔 줄 모르는 일이 생겼을 때 부모님이 네게 해 주시기에 딱 알맞은 말씀은 이거지. "지나고 보면 우스울 거야!"

　진짜 생크림 케이크로 맞은 것 말고도 그냥 웃어넘겨야 할 순간들이 있어. 모둠 활동에 끼지 못하거나 학교 연극에서 주인공을 맡지 못하거나 운동회 응원단에 끼지 못했을 때, 아니면 정말로 가고 싶었던 모임에 초대받지 못하거나, 마음에 들지 않는 옷을 입고 친구 생일 파티에 가거나, 학교에서 바지가 벗겨졌을 때 넌 아마 너무 속상해서 인생이 끝난 것 같을지도 몰라. 물론 그런다

고 인생이 끝나진 않아. 사실 너는 지금 삶의 시작 단계에 있고, 그런 것들은 모두 나중에 돌아보면 별것도 아니야. 그래서 웃어넘기라는 거야. 네가 웃지 못한다면 너를 사랑하는 누군가가 이렇게 말해 줄지도 몰라. "지나고 보면 우스울 거야!" 이렇게 좋은 충고를 들었는데도 당장은 기분이 너무 나빠 웃지 못할 수도 있어. 그래도 괜찮아. 언젠가는 그날 일을 생각하며 웃을 수 있을 테니까. 웃는 거야 뭐 언제 웃어도 늦지 않아.

아마 너도 "지나고 보면 우스울 거야!"와 같은 뜻이지만 더 자주 쓰는 말을 들어 보았을 거야. '시간이 약이라는 말. 너는 그 말도 듣기 싫어할지 모르겠지만, 그건 사실이야. 너만 해도 더 어렸을 때 베이고 긁혀서 난 상처가 얼마나 많았는지 기억나지? 그렇지만 딱지가 떨어질 무렵이면 상처가 났다는 사실마저 이미 까마득히 잊어버렸을 거야. 저절로 딱지가 떨어지는 것은 몸이 상처를 이겨 내고 다시 활발히 움직일 준비가 됐음을 보여 주는 표시야(그러니까 제발 딱지가 떨어질 때가 되지도 않았는데 잡아

떼지 좀 말아라. 저절로 떨어지게 내버려 둬). 이와 마찬가지로 마음의 작은 상처를 향해 웃어 주는 건 네가 계속 앞으로 나아갈 준비가 됐음을 나타내지.

인생은 긴 여행이고, 가끔 웃어 주는 건 여행을 잘 마치기 위해 꼭 필요한 지혜야. 함께 어울리기 제일 힘든 사람들은 모든 것을 너무 심각하게 받아들이는 사람들이지. 그 사람은 도무지 재미있게 살 줄을 모르는데, 뭐 하러 재미없게 살까? 네가 웃으면 너 자신뿐만 아니라 네 주위 사람들까지 힘이 나. 웃으면 더 건강해지고 오래 살 수 있다고 생각하는 사람들이 있을 정도야. 웃어야 하는 이유로 이보다 더 좋은 게 있을까?

그러니까 살면서 당황스럽고 화날 때는 그저 얼굴에 정통으로 생크림 케이크를 맞은 것뿐이라고 생각하렴. 코와 손에 묻은 맛있는 크림을 핥아야 한다면 실제로는 얼마나 슬프겠니? 인생이란 때로 그렇게 우스꽝스럽고 어처구니없으니까 늘 유머 감각을 잃지 말고 생크림을 맛있게 먹으렴.

30

　이기는 건 좋은 일이야. 인기를 얻는 건 좋은 일이야. 열심히 노력해서 성공하는 것도 좋은 일이고. 그래도 너를 자랑스러워하는 사람들이 곁에 있는 것만큼 좋은 일은 없지.

　상대방이 형편없어서 네가 이길 수도 있고, 네가 예쁘거나 잘생겨서 인기가 많을 수 있고, 단지 타고난 능력이 뛰어나서 열심히 노력하지 않아도 성공할 수 있어. 그런데 사람들이 너를 좋아하는 이유가 바보 같은 것일 수도 있어. 네 부모님과 그 사람들의 부모님이 친하다든지, 네가 운동을 잘한다든지, 네 가족이 부자라든지 하는 것 말이야.

그렇지만 그런 바보 같은 이유로 너를 자랑스러워할 수는 없어. 그들이 너를 자랑스러워한다면, 그건 네가 어렵지만 바른 선택을 했거나 어려운 사람을 도왔기 때문이야. 또한 네가 손해를 보더라도 옳은 일을 했거나 네가 중요한 목표를 이루기 위해 정말 열심히 노력하고 희생했을 때도 너를 자랑스러워할 거야. 그러니까 사람들이 너를 자랑스러워한다면 틀림없이 네가 뭔가 좋은 것을 해냈기 때문일 거야.

그래서 부모님이나 선생님이나 친구들에게서 "네가 자랑스럽다!"는 말을 들었을 때 기분이 아주 좋은 거야. 그들은 네가 훌륭한 사람이라 좋은 선택을 한다고 말하는 것이거든. 사람들이 너를 자랑스러워한다는 것은 그들이 네 겉모습에서 인기를 끌 만한 점을 본 게 아니라 내면에서 정말 좋은 점을 보았다는 걸 뜻해.

옳은 일을 하는 건 대부분 어렵고, 인기 있는 일은 하기가 거의 쉬워. 그래도 옳은 일을 하는 게 더 나아. 시간이 지난 다음에는 그저 인기를 끌려고 했던 사람보다는 옳은 일을 한 사람들이 더 좋은 친구를 얻게 돼. 네 친구들이 과자를 너무 많이 먹거나 연필을 던지거나 담배를 피우는 등 자신이나 다른 사람이 다칠 수도 있는 위험한 행동을 하면 그렇게 못하도록 말려야 해. 어쩔 수 없이 믿을 만한 어른에게 알려야 하거나 우정에 금이 갈 수밖에 없다 해도 그렇게 하는 게 옳아. 그런 걸 보고도 아무것도 하지 않는 건 그 애들에게 인기를 끌려는 꼼수일 뿐

이야.

  좋아하는 건 그 순간뿐이야. 그렇지만 자랑스러운 건 영원하지. 사람들이 널 좋아해 줬으면 싶으면 뭐든 널 좋아할 만한 일을 하면 되지만 사람들에게 좋은 사람이 되고 싶으면 아무리 손해를 보더라도 해서는 안 되는 일들이 많아져. 누군가 너를 좋아한다고 말할 때 그 마음은 단 한순간에 바뀔 수 있지만, 네가 자랑스럽다고 말할 때는 그건 바꾸기 어려운 깊은 감정이야.

  "네가 정말 자랑스러워!"가 "너를 사랑해."와 같은 말일 때가 가끔 있어. 자랑스러워하는 마음과 사랑하는 마음은 우유랑 빵처럼 어깨동무하고 함께 다닐 수 있어. 물론 네가 너 자신을 자랑스러워해서 다른 사람보다 네가 낫다고 느끼면 안 되겠지만 말이야. "너를 사랑해."라는 뜻을 가진 말은 이것 말고도 많아. "네가 정말 자랑스러워!"는 물론이고 "잘했어!"와 "네가 최고야!"까지 모두 너를 사랑한다는 부모님의 뜻을 전하는 말일 수 있어. 사실 네가 자랑스럽다는 뜻은 말 한마디 하지 않고도 전할 수 있어. 환한 미소, 포옹, 고갯짓 등이 모두 자랑스러움을 나타낼 수 있거든.

　사랑을 전하는 말을 쉽게 못하는 사람들도 있지. 어떤 부모님들, 특히 아빠들은 "사랑해."라는 말을 쉽게 하시지 못해. 속으로는 진심으로 너를 사랑하시지만 어쩐 일인지 사랑한다는 말보다 네가 자랑스럽다고 말씀하시는 게 더 쉬운 거야. 너도 부모님의 포옹이나 미소나 등을 다독여 주는 행동(심지어 얼른 눈물을 닦으시는 행동까지)을 "사랑해."로 바꾸어 듣는 법을 배워야 해. 그 말이 실제로 무얼 뜻하는지 안다면 그 말 자체는 그리 중요하지 않아.

31

> 늑대를 제대로 골라
> 먹이를 주어야지

 이 책에는 네가 부모님께 매일같이 듣는 말을 잔뜩 실어 놓았어. 매번 듣지만 모두 부모님의 언어로 된 말이라서 너는 잘 이해하지 못할 수 있는 말들이지.

 나도 이 마지막 이야기만은 쉽게 들을 수 없는 말로 채우고 싶었어. 이건 아주 특별한 이야기에 나오는 아주 특별한 말이야. 그 이야기는 아메리카 원주민인 체로키족 사이에서 전해 오는 이야기지만 훌륭한 이야기가 다 그렇듯 종족에 상관없이 모든 사람에게 의미가 깊어. 자, 들어 봐.

늙은 체로키 족 추장 한 사람이 숲 속에서 손자들에게 이야기를 들려주고 있었어.

"내 안에서는 싸움이 벌어지고 있단다. 무시무시한 싸움인데, 두 늑대가 싸우고 있어. 한 늑대는 두려움, 화, 오만, 탐욕의 늑대고 다른 늑대는 용기, 친절, 겸손, 사랑의 늑대야."

아이들은 두 귀를 쫑긋 세우고 조용히 할아버지의 이야기를 들었어. 할아버지가 계속 말씀하셨어.

"내 안에서 벌어지는 두 늑대의 싸움과 똑같은 싸움이 너희들 안에서도 벌어지고 있어. 다른 모든 사람들 안에서도 벌어지고."

아이들은 잠깐 그 싸움에 대해 생각했는데, 한 아이가 추장 할아버지에게 여쭤 봤어.

"할아버지, 그 싸움에서 어떤 늑대가 이길까요?"

할아버지는 조용히 이렇게 대답하셨지.

"네가 먹이를 주는 늑대."

내 생각엔 이 이야기가 전하려는 뜻과 이 책이 전하려는 뜻은 같아. 누구든 살면서 두 가지 가운데 하나를 선택해야 해. 우리는 옳은 일을 선택할 수도 있고 나쁜 일을 선택할 수도 있어. 앞의 이야기에서는 착한 늑대에게 먹이를 주는 게 옳은 일이고 나쁜 늑대에게 먹이를 주는 게 나쁜 일이야. 우리는 보통 어떤 늑대가 착하고 나쁜지 구별할 수 있지만, 항상 그럴 수 있는 건 아니야. 그래서 너를 사랑하는 사람들이 네게 계속 잔소리하는 것이고. 그분들은 네가 인생에서 올바른 길을 선택하길 바라

시는 거야. 즉 좋은 늑대를 골라서 먹이를 주길 바라시는 거지. 네가 먹이를 주는 늑대가 싸움에서 이길 테니까 말이야!

이런 점을 이해한다면 부모님이 부모님의 언어로 말씀하시는 것이 귀찮지 않을 거야. 몇 번을 듣든 상관없이 말이야. 심지어 부모님의 언어로라도 말씀해 주셨다고 언젠가는 고마워할지도 몰라. 부모님은 그런 방법으로 사랑을 표현하시고 우리는 그런 방법으로 인생을 배우는 거야. 그렇게 배울 때 우리는 착한 늑대가 꼭 이기게끔 할 수 있는 거란다.

사랑하는
엄마 아빠에게